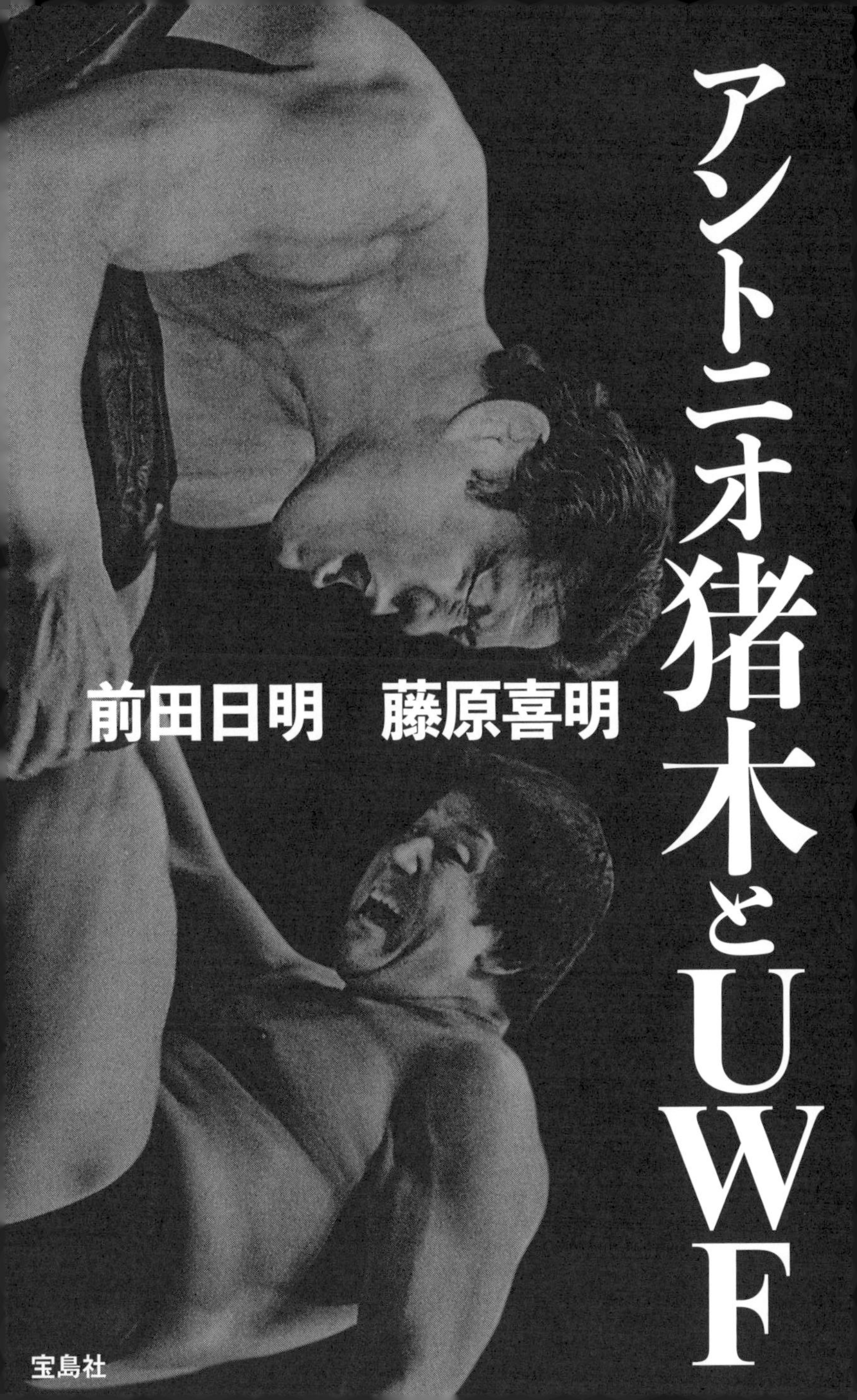

アントニオ猪木とUWF

前田日明　藤原喜明

宝島社

はじめに

藤原喜明

「こんなヒョロヒョロのヤツがやっていけるのかよ？」

今から47年前、新日本プロレスの道場で初めて前田日明に会った時、正直そう思った。当時の前田は、身長は190センチを超えていたのに、体重は67キロぐらい。ガリガリに痩せてて、風が吹いたら飛んでいくんじゃねえかと思うくらいだった。

でも、あいつは昭和の新日本プロレスの道場でクソ真面目に厳しいトレーニングを続けて、山本小鉄さんに言われたとおりに限界までメシを食っていたから、みるみる大きくなっていった。今はデカくなりすぎなくらいデカくなったよな。態度も含めて（笑）。

昔から純粋すぎるくらい純粋で馬鹿正直だった。だからあいつが新弟子の頃は、俺も含めた先輩連中によくイタズラでからかわれていたけど、それは本当の意味でみんなからかわいがられていたんだ。そんな前田のことをアントニオ猪木さんも気に入っていたと思う。

俺から見ると、前田と猪木さんっていうのはどこか似てるところがあるんだ。二人とも純粋で騙されやすくてな。でも、プロレスに対して徹底して妥協せず、どんな困難があろうと貫き、やり通す強さを持っている。そんなところがファンを惹きつけたのかもしれない。

プロレスラーとしての前田は、ハッキリ言えば不器用だよな。でも、その不器用がいいのかもしれない。俳優の松方弘樹さんが言っていたけど、高倉健さんは短いセリフしかしゃべらない。でも、それを通すと強烈な個性になるんだよ。だから不器用だから悪いわけじゃない。前田の場合は、少ししゃべりすぎるきらいはあるし、生き方は上手じゃないかもしれない。しかし、その都度、本気で物事にぶつかっていく前田の姿っていうのは、ファンに強烈な印象を与え続けてきたんだと思うよ。

昔の新日本やUWFの道場では、スパーリングを始める時に「よろしくお願いします」、終わった時に「ありがとうございました」と座礼する。これは俺と前田が始めたことなんだ。前に鈴木みのると（獣神サンダー・）ライガーが試合後に座礼した時、どっかの馬鹿なマスコミが「土下座」って書いたらしいけど、あれは土下座じゃなくて座礼。試合もスパーリングも相手がいなければできないことだし、俺たちがやっていることは礼儀をなくしたらただの暴力だからな。だから礼に始まり、礼に終わるんだ。

今回は前田との対談ということで、寝技ではなく言葉でスパーリングするようなもの。今は「よろしくお願いします」という気持ちだ。そして終わったあと、お互い「ありがとうございました」と言って終われたらいいな。

前田日明

藤原喜明という人は、俺にとってプロレス界における〝親父〟そのものなんですよ。

俺は18歳の時に大阪から東京に単身出てきて新日本プロレスに入って、周りには友人・知人が誰もいない、プロレス界のことも何もわからない。右も左もわからなかった状況のなかで、藤原さんに対してだけはすごく親近感を抱いたんだよね。なんでかっていうと、ウチの親父と性格がそっくりだったんだ。もう、そのままコピーしたんじゃないかっていうくらい。ふざけ方もそうだし、朝起きた瞬間に機嫌がいいのか悪いのかも如実に顔に出るっていうのもそっくりだし。歩き方や立ち振る舞い、キレ方とかね、あらゆる面がそっくりだったんだよね。

本当にウチの親父と一緒にいるんじゃないか、と錯覚することすらあったからね。

そういう親父とそっくりな藤原さんがいてくれたからこそ、東京の新日本道場という、まったく未知の世界に入ってもなんとか溶け込むことができたんだと思う。

昭和の新日本というのは、アントニオ猪木さん、山本小鉄さん、そして藤原さんなくしてありえなかった。猪木さんが団体を引っ張り、小鉄さんが道場を仕切り、藤原さんは日本のストロングスタイルの根幹を支える強さを培っていた人。柔道の金メダリストのウィレム・ルスカが来た時にスパーリングで極めて、プロレスラーの強さを示したのも藤原さんだし、道場破りみたいなのが来た時に相手をするのも藤原さんや小鉄さん、俺なんかの役割だった。

藤原さんの強さの秘訣というのは、とにかくしつこいこと。狂ってるというレベルを超えるほどしつこくて、できなくても「チクショー！」って言いながらまた取り組む。絶対に諦めずにしつこいからこそ、誰も到達できない境地にまで行くことができたんだよ。言い方を変えるとすごい集中力と熱意で続けることができる才能がある。藤原さんを見ていると、過去にいたあらゆるジャンルの名人や神様のような職人も、きっとしつこかったんだろうなっていうことがわかるね。

そんな藤原さんに対して、当時は周りのレスラーも腫れ物に触るような扱いでね。まとわりついていくのは俺だけだった。だから藤原さんと毎日スパーリングをしていたのは俺だけだったし、その俺と藤原さんとのスパーリングがUWFの原点。あれがなかったら、のちのUWFも総合格闘技もなかったし、俺自身つまらなくてプロレスを早々にやめていただろうね。

今回、藤原さんと語り合う機会を得たことで、新日本、猪木さんの厳しくも楽しかった思い出と、プロレスと格闘技の本当の歴史を、あらためて振り返ることができたらと思う。

アントニオ猪木とUWF

目次

第二章 真説・第一次UWF崩壊

第三章 新日本との潰し合い

第四章 苦悩と裏切りの新生UWF

終章 闘魂の遺伝子

装丁/金井久幸(TwoThree)
文・構成/堀江ガンツ
本文デザイン&DTP/武中祐紀
編集/片山恵悟(スノーセブン)
撮影/タイコウクニヨシ

第一章 猪木とセメント

この道を行けば
どうなるものか
踏み出せば
その一足が道となる
迷わずにゆけよ
ゆけばわかる

1998年4月3日、引退試合前日に
新日本道場で練習する猪木

半年かけて信じ込ませる同性愛の洗礼

——藤原さんと前田さんの付き合いも相当長いですよね。

前田 俺が新日本に入門したのが1977年の夏で、その頃からだからね。

——となると、かれこれ47年のお付き合いですか。

藤原 もう、そんなに経ったのか。前田のデビュー前、俺と猪木さんと（ドン）荒川さんで仕組んで、「お前は誰にケツを貸すんだ?」って聞いたら、ひと晩中悩んだ挙句「藤原さんでお願いします!」って言ったんだよな（笑）。

前田 だから俺はジャニーズの連中の気持ちがよくわかりますよ。必死の思いだったんだろうなって（笑）。

——デビューするためには仕方がないと（笑）。

藤原 「それがこの世界の掟だぞ」ってな（笑）。

——藤原さんと荒川さんが、前田さんに対して新日本には同性愛の洗礼があるって騙《だま》すイタズラをしたことは有名ですけど、せっかくなので経緯を詳しく教えていただけますか? 対談本の最初のエピソードがこれというのもなんですが（笑）。

前田 あれはね、半年くらいかけて信じ込ませるんだよ。そりゃ騙されるよ。

――そんな長い時間をかけてのイタズラだったんですか⁉

前田　長いよ。俺がまだ入ったばかりの新弟子の頃から仕掛けだして、デビュー前に言われるんだから。

藤原　その間、俺と荒川さんと猪木さんはずっとグルだから（笑）。

前田　それぐらい時間をかけて信じ込まされなきゃ、「お前な、プロの格闘家の足腰をつくるために最後の仕上げがあるんだ。ケツの穴を掘られなきゃいけないんだ」って言われても、信じるわけないじゃないですか！

藤原　長い時間をかけた一種の洗脳だよな（笑）。

前田　しかも、みんなが迫真の演技をするからね。「お前な、猪木さんと山本（小鉄）さんと坂口（征二）さんは三角関係なんだぞ。だから仲が悪いだろ？」とか言って。練習後のちゃんこの時かなんかに、山本さんが隣に座ってた猪木さんの手をそーっと握って、坂口さんがそれを嫌な顔をして見ていたりさ。

藤原　坂口さんと小鉄さんもグルだったんだよな（笑）。

前田　18歳の子供がそんなの見たら信用するじゃん。藤原さんと荒川さんだけならともかく、小鉄さんまでやるんだよ。

藤原　みんなそういう遊びが大好きなんだよ。

前田　小鉄さんが、「お前、絶対に誰にも言うんじゃないぞ。わかってるだろうな」って、ものすごい真剣な顔して言うから、「えっ、あの小鉄さんがオカマなのか……」って思うじゃん。もちろん俺も冗談じゃないかと思って様子をうかがうんだけど、半分笑いながら言うとかそういうのが微塵《みじん》もない。真剣そのものの迫真の演技なんだよ。

藤原　小鉄さんもいい仕事をしたよな（笑）。

前田　俺はプロレス界がどんな世界かまったく知らないで入ってるからさ。「男だけの世界だと、そういうもんなんかな」「これでデビューできなくなっても困るし」って、いろいろ考えちゃってね。

藤原　それで最後の仕上げで、巡業中に前田が洗濯物をいっぱい抱えながら旅館の部屋に戻ってきた時、荒川さんと二人で「来た、来た！　よしやろう！」って言ってな。部屋の電気を消して、俺らがすっぽんぽんになって一緒の布団に入って、「ああ、まこちゃん……」「ああ、よっちゃん」とか言いながらやってたわけだ。そしたらガラガラッとドアを開けた前田が、洗濯物をバタッと落としたんだよ（笑）。

――見てはいけないものを見て体が硬直して（笑）。

藤原　それで俺らが抱き合いながら前田のほうを振り返って、「いいか、誰にも言うなよ！」って言ったら、泣きそうな顔をしてどっかに行っちゃったんだよ（笑）。

前田　そりゃ、そうなりますよ！　ホントに。それで、猪木さんのところに行ったんですよ。実際どうなんだろうと聞こうと思って。そしたら猪木さんも「そんなもん当たり前だ」とか言ってさ（笑）。

藤原　猪木さんは、「あっ、アイツらイタズラで芝居やったんだな」って、すぐに気づいたんだろうな。それで前田も完全に本気にしたのか、その晩は結局、部屋に戻ってこなかったもんな。

前田　そんなん同じ部屋で一緒に寝たら、襲われると思うじゃないですか（笑）。

藤原　俺と荒川さんで二人で襲ったりしてな（笑）。

前田　それで旅館の、使ってない布団を置いてある布団部屋に隠れて寝たんですよ。

藤原　そうだったのか。あいつ、ひと晩中どこに行ってたんだ？　と思ってたよ（笑）。

――そういうイタズラは前田さん以外にもやってたんですか？

藤原　やらないよ。だって他のヤツは信じないもん。でも、コイツは絶対に信じるだろうなって思ったからさ。

前田　そこまでやられたらみんな信じるでしょ（笑）。

――結局、前田さんに「デビューするためにはケツを掘られなきゃいけない。誰にする？」って聞いたのは猪木さんですか？

藤原　猪木さんだよ。

前田　猪木さんでしたっけ？

藤原　それで泣きながら「藤原さんでお願いします！」って（笑）。

前田　泣いてないでしょ！（笑）。

藤原　そのほうが話が面白えじゃねえか（笑）。

前田　ホントに俺はどうなっちゃうんだろうと思ってね。「プロレス界だけじゃなくて相撲界もそうなんだ」って言うからさ。「えっ!?」と思って。「じゃないとあれだけ強い足腰にはならないんだぞ！」って言われてさ。

――日々、ものすごい回数のスクワットをこなして、足腰の重要性を叩き込まれてるわけですもんね。その最後の総仕上げで必要なんだ、と（笑）。

藤原　よくできた話だよな。

――前田さんは若い頃、そういうイタズラを仕掛けられやすいタイプだったわけですか？

前田　当時は新弟子が俺しかいなかったんですよ。だからみんなのオモチャですよ。他にもいっぱいいたらさ、「こんなこと言われたけど、お前も言われた？」って聞けるじゃん。いないんだもん。

――横の情報を共有できず、完全に遮断されてたんですね。

前田　俺一人だからさ。だから荒川さんに「タイガー・ジェット・シンに挨拶してこい」って言われて、「なんて言ったらいいんですか？」って聞いたら、『『ファッキュー！　サノバビッチ！』って言ってこい。それでわかるから」って言われてさ（笑）。

藤原　前田がタイガー・ジェット・シンに追いかけ回されて、それを見ながら俺たちは大笑いしてたな。でも、シンも俺らのイタズラだとわかっててやってたよ。

――巡業になると上の人たちはそういうイタズラをして楽しむわけですね。

前田　新弟子や若手は雑用で忙しいけど、そういう仕事がなくなったら暇だからね。ああいうのはプロレス界でも相撲界でもあると思うよ。

藤原　でも、陰湿なイジメっていうのはないんだよな。純心な若手をイタズラでからかうだけでね。

前田　標的が何人もいればいいけど、あの頃は新弟子が俺しかいないから格好の遊び道具ですよ。あんな大所帯で新弟子が一人しかいないってどれだけ大変なことか（笑）。

――当時は、年に1回の合同入門テストみたいな感じではなかったんですね。

前田　その都度、テストをして入ってくるヤツはいるんだけど、みんな入ってきても3日とかで辞めていってたから。

藤原　みんな3日ももたねえよ。だいたいが「ちょっと買い物に行ってきます」って出ていって、そのままトンズラだよな。まあ、前田はよくあんな馬鹿みたいにキツい練習に耐えたよ。

前田　俺には逃げる場所もなかったですからね。

「新日本で1年ぐらい体をつくってアリの弟子になりなさい」

前田日明は1977年に大阪から上京し新日本プロレスに入門。72年に入門した藤原喜明の5

年後輩に当たる。入門のきっかけは、新日本の営業本部長だった新間寿によるスカウトだったが、そこには2年先輩の佐山聡も関係していた。

――そもそも前田さんが新日本に入門するきっかけは、佐山さんとの出会いなんですよね？

前田　そうそう。佐山さんがウチの（空手）道場に来たんですよ。田中正悟が公園で空手の練習をしていたら、たまたま新日本の巡業で大阪に来ていた佐山さんが、コインランドリーに行った帰りかなんかに公園に寄ったらそれを目撃して。「それはキックですか？　空手ですか？」って話しかけてきて、田中正悟が「空手ですよ。ウチはフルコンタクトをやってるんですよ」って答えたら、「いやあ、ちょっと興味あるんですよ」「じゃあ、練習に来なさいよ」って話になって、「じゃあ、1週間行かせてもらえますか」ってことで佐山さんが来たんだよね。

――そこで前田さんと佐山さんが出会うわけですね。

藤原　そんな偶然があるんだから、人生は面白い。そこで佐山が話しかけてなかったら、前田がプロレスをやることもなかっただろうからな。

前田　佐山さんが来た時、俺が無想館拳心道でいちばん下っ端だったんで、「じゃあ、お前一緒にやれ」って言われて佐山さんと一緒に練習したんだよ。それで「大阪に空手をやってる若くて身長190センチくらいのヤツがいる」っていう話が、たぶん佐山さんから猪木さんに伝わったんだと思うんだよね。それで猪木さんが新間さんに「引っ張ってこい」って指示して。

――前田さんは、新間さんに口説かれたわけですか。

前田　でも、最初に俺は断ったんだよ。「プロレスなんて無理です」って。だって当時の俺のなかで「プロレスラー」っていうのは、生まれながらに神童とか怪童って言われてるくらいの人が集まってるイメージだったから。「それは無理だ」って思いますよね。

藤原　まあ、コイツは神童じゃないけど、チン童ではあったけどね。……すべったか？（笑）。

前田　それで「プロレスなんて無理です」って断ったら、「それならキミ、ボクシングならどうだい？」って聞かれて、ちょっと心が動いたんだよ。当時はコング斉藤っていう日本人のヘビー級ボクサーがいて、アメリカの黒人でこんな腹が出たヤツと4回戦の試合をやって、それがTBSのスペシャル番組で放送された頃でね。

――そんな4回戦のボクサーなのに「モハメド・アリの世界王座に挑戦か？」とか煽《あお》られてたんですよね（笑）。

藤原　当時はなんでもありだもんな。

前田　だから俺も「コング斉藤だったら俺でも勝てるぞ」と思ってた矢先だったからさ。そしたら新間さんに「アメリカに行って、モハメド・アリの弟子になれるならやりたくないか？」って言われて、「えっ、アメリカに行けるんですか？」って聞いたら、「行けるよ。猪木とアリはあの試合以来、親友になったんだよ。それでアリから『日本の優秀な若者がいたら紹介してくれ』って頼まれてるんだよ」って言われてさ。

それで「えっ、自分でもアメリカに行けるんですか?」って聞いたら、「行けるよ。日本人ボクサーでこんな大きな身長の子を見たことがないよ。空手もやってるし、将来も見込める。ぜひやったほうがいいよ！　新日本で応援するよ！」って言われたんだよ。

藤原　それをまんまと信じ込んだわけか（笑）。

前田　「じゃあ、俺はどうすればいいんですか?」って聞いたら、「新日本の道場で1年ぐらい体をつくってアリの弟子になりなさい」って言うんだよね。「新日本の道場なら寮もあるし、食事も食べ放題。水の代わりに牛乳を飲んで、肉でもなんでも栄養のあるものをガンガン食べて体を大きくしなさい」って言われてさ。当時の俺は大阪の飯場暮らしで、おかずはせいぜい目玉焼き。味噌汁をぶっかけたご飯とか、そんなもんばっかり食ってたんだよ。それを考えたら夢のようじゃん。

藤原　まあ、アメリカのモハメド・アリのジムに行かせるっていう話以外は本当だしな。新日本の道場に入れば住むところがあって、練習し放題、メシは食い放題だから。

——前田さんはそれから20年以上経ってから、猪木さんの引退試合でアリと会ったんですよね?

前田　そうそう。猪木さんの引退試合に呼ばれて東京ドームに行ったらモハメド・アリが来てたんだよね。それで関係者に「アリに会わせてくれ」って言ったんだけど「ダメだ」って言うから、「アリに会えないんだったら、猪木さんに花束を渡さない！」ってごねたんだよ。

藤原　子供みたいなごね方するな（笑）。

前田　「そもそも俺は『モハメド・アリのジムに入れてやる』って騙されて新日本に入ったのに、なんで会わせてくれないんだ」ってごねたら、たまたま（通訳の）ケン田島さんが通ったんで頼んだら、「わかりました。じゃあ、行きましょう」って連れて行ってもらったんだよ。それでアリに会うなり英語で「ずっとお会いしたかったです。自分はプロレスラーなんですが、実は新日本プロレスに入る時に、あなたの弟子にしてやると騙されて入ったんです」って言ったんだよ。

――その事実をアリ本人に伝えましたか（笑）。

前田　そしたらアリは、「お前はそう言いながらホントは俺に挑戦しに来たんだろ」って言うんだよ。

――へえー。

前田　それでアリが「よし、わかった」って立ち上がって、「構えてみろ」って言うんだよ。それで構えたら、「今のは見えたか？」って言うんで「はっ、なんですか？」って聞いたら、「今、俺はパンチを10発出したんだ」って言うんで、「見えませんでした！　さすがあなたはグレーストです！」って言ったら、「よーし、そうか」って。それでサインしてくれたんだよ。

藤原　すごい経験だな（笑）。

――東京ドームの控室で、幻の〝アリvs前田〟が実現していたんですね（笑）。

藤原と前田のスパーリングから始まったUWF

——藤原さんは、前田さんが入ってきたばかりの頃を覚えていますか？

藤原　覚えてるよ。ヒョロヒョロっと背は高かったけど、こんな細い体をしてたからさ、「これ、ケガしたら終わりだぞ」と思ってたんだけどな。だから俺がスパーリングをやってる時、前田が「僕も混ぜてください」って言ってきたんだけど、「お前は向こうに行ってろ」って追い払ったもんな（笑）。

前田　俺本人としては、もしボクサーとしてダメだったとしてもアメリカで空手や武道の道場をやったらいいだろうと思ってさ。その前にせっかくプロレスに入ったんだから、プロレス特有の格闘技で通用する技を身につけられたらいいなと思って先輩たちの練習を見ていたら、藤原さんしかスパーリングやってなかったんだよね。それで入門3日目ぐらいの時に藤原さんのところに行って、「スパーリングをお願いします！」って言ったんだけど、「シッ！　シッ！　あっちに行け！」みたいな感じで相手にされなくてさ。

藤原　そんなもん、体もできてないのにいきなりスパーリングしたら間違いなくケガするだろう。ヘタしたら殺しちゃう。俺は人殺しになりたくないもんな（笑）。

——前田さんが入った時点で、もう新日本道場でスパーリングをやってる人は少なかったんですか？

前田　いなかったよ。藤原さんしかいなかった。

藤原　佐山とよくやってたけど、佐山は猪木さんの付き人で道場にいないことが多かったからな。だから俺がいなかったら、道場で関節技のスパーリングをやるっていう文化も途絶えてたよ。だってよ、俺が若手の頃に小鉄さんに「どうやって関節を極めたらいいんですか？」って聞いても、「根性で極めろ！」って言われたもんな。その頃は俺も関節技をそんなに知らなかったけど、さすがに「根性では極まらないだろ。こりゃダメだ」と思ってな。そしたら自分で研究するしかねえじゃん。

――新日本を旗揚げしてからの数年は、みんなスパーリングをやってたわけじゃないんですね。

藤原　みんなはやらねえよ。「そんな馬鹿なことやってどうするんだ？」っていうほうが多かったからな。俺がいなかったら、総合（格闘技）だとかにも何も伝わってなかったよ。

前田　だからUWFっていうのは、元をたどれば俺と藤原さんのスパーリングから始まったんだよ。ということは、今のMMAだって俺と藤原さんのスパーリングから始まったということだから。

――前田さんの若手時代からマンツーマンのような形でやられていたわけですね。

前田　スパーリングって言ってもね、最初は俺も何もできないから、上に乗っかられただけで息ができなくて、手足をバタバタさせてるだけですよ。

藤原　乗っかるのが基本なんだよ。それで相手を疲れさせてからじゃないと、関節技はなかなか極まるもんじゃねえよ。

前田　相手に乗っかってコントロールするっていうのが寝技の基本であり、そのいちばん重要なことを最初に覚えられたのがよかった。

――関節技のスパーリングを〝極めっこ〟って呼んだりしますけど、藤原さんと前田さんはむしろ極めることより押さえ込みを重点的にやっていたんですね。

前田　それが髙田（延彦）が入ってきた頃になるとね、藤原さんが（カール・）ゴッチさんのところでの修行から帰ってきたあとで、押さえ込みよりもコンビネーションとか技の連携とかそっちを中心にやってた頃だから、きれいに乗っかったり押さえられたりするっていう経験ができなかったんだよ。だからアイツはバッと乗っかられると何もできなかったんだよね。

――押さえ込んだり、押さえ込まれた時にそこから逃げたりする方法より先に、関節を極めることのほうを覚えてしまった、と。

前田　ちゃんと相手の横隔膜の上を点や面で押さえたりしながら動きを阻害して、相手の動きを奪っていく技術っていうのがいちばん大事。だから柔道がオリンピック競技としてスポーツ化しても押さえ込みは残ったんだよ。

――そういう押さえ込みの練習ってかなりキツいと思いますけど、それは合同練習が終わったあとにやってたんですか？

前田　若手の頃はとにかく基礎体力の練習を徹底的にやらされるから、それだけでヘトヘトですよ。でも、ヘトヘトなんだけど（押さえ込みのスパーリングを）やったんだよね。だから最初の1カ月はおしっこが真っ黒になって、その頃は血尿とかの知識が何もないから藤原さんに聞いたんだよ。そしたら「そんなの当たり前だよ。最初はみんなそうだ」って言われて。

藤原　俺自身は、血尿を出したことは1回しかないけどね。藤原組の時にしょんべんしたら真っ赤なんだよ。「あら～、俺はなんかの病気だな」と思って冨家《ふけ》（孝）先生に電話をしたんだけど。

――それなのに前田さんには、「そんなの当たり前だよ」って言ったんですか（笑）。

藤原　「そんなもん、女だって出すんだから」っていうネタだったんじゃねえか。

――下ネタですか（笑）。

前田　血尿って臭くて真っ黒なんだよ。筋肉が疲労しすぎて内出血する。その血が回ってる間に固まって黒くなって、それが腎臓を通して尿で出てくるんだよね。それで最初の1カ月くらいはおしっこがずっと真っ黒だったんだけど、そのたった1カ月でふとももが20センチ太くなったんだよ。

――それだけトレーニングして、食事もメチャクチャ食べるわけですもんね。

前田　練習後の食事は、ちゃんこをどんぶりに5杯、ご飯もどんぶりに5杯がノルマなんだけど、小鉄さんがいつもビール飲みながら「今何杯目だ？」って聞いてきて、食わなきゃ終わらないんだから。

藤原　あれは今だったら犯罪だよ。なんとかハラスメントっていうやつでな（笑）。

前田　道場だとどんぶりで5杯なんだけど、巡業に行ったら茶碗で10杯になってね。でも、茶碗のほうがまだクリアしやすい。それなのに女中さんが妙な気を利かせて、「プロレスラーだったら食べるでしょ？」って、わざわざどんぶりを持ってきたりするんだけど、それでも10杯食べなきゃいけないいんだよ（笑）。

——茶碗で10杯のはずが、どんぶりで10杯に（笑）。

前田　でも、それを言われて真面目にやってたのは俺だけだよ。だって新弟子は俺しかいないんだもん。午前の練習が終わって昼メシを食べ終わるのが16時か17時だよ。

——それぐらい時間をかけないと食べられないわけですね。

前田　ずっと食ってるんだよ。それで終わったと思ったら今度は晩メシでしょ。それで晩メシを食い終わったら今度は小林（邦昭）さんが、「エル・アミーゴ（ステーキハウス）に行こう」って言ってきてね。そこでまた450グラムのステーキを食わなきゃいけないんだよ。

藤原　小林邦昭は新幹線に食堂車があった時代、小鉄さんにメニューの上から下までオーダーされて、それを「全部食え！」って言われて食ったんだよな。コーヒーからクリームソーダから全部だよ（笑）。

前田　「大阪駅に着くまでに食い切れなかったら降ろさないぞ」って言われたんですよね。

——リアル「帰れま10」ですね（笑）。

ナメられたら、とことんナメられる世界

藤原　メシだけじゃなく、酒もよく飲んだもんなあ。巡業中にプロモーターや後援者が宴会を開いてくれたりすると、賞金を懸けてイッキ飲み大会が始まるんだよ。そうすると荒川さんなんか一升瓶を18秒で飲むからな。

――以前、荒川さんが「これは世界新記録です」って自分でギネス認定してました（笑）。

藤原　それを平気な顔して飲むんだけど、俺はやせ我慢でやってるのを知ってるからさ。荒川さんがトイレに立った時に後ろからこっそりついていったら、荒川さんがゲーッて全部吐き出してるんだよ。その時に俺とトイレで顔を合わせたらニヤッと笑って何食わぬ顔で宴会場に戻って、「さ～て、これからゆっくり飲み直すか」とか言ってな。

――酒豪ぶりを自己演出してたわけですね。

藤原　要するに新日本プロレスっていうのは〝猿山〟だから。「コイツはヤバいな」とか「コイツはムチャクチャなヤツだな」と思わせておかないと、軽く見られるんだよ。ただでさえ先輩後輩の上下関係が厳しいからな。だからあえて強さや怖さを見せつけて、自分の地位をつくっていくんだよ。

前田　ナメられたら、とことんナメられる世界ですもんね。

藤原　練習でもそうなんだよ。たとえばスクワットを1000回やったらキツいけど、自分だけさらに10回、20回多くやってみせて、「こんなもんチョロいよ」みたいな顔をするわけだ。夜中に包丁を研いで、「小鉄のヤロー！　殺してやる！」とか言いながら、白樺の木に斬りつけたりしてね。

――それはさすがに「ヤバいヤツだ」って思いますよね（笑）。でも、それぐらい〝鬼軍曹〟山本小鉄は厳しかった、と。

前田　藤原さんがヒザに水が溜まってた時、小鉄さんに「ヒザに水が溜まってるんで今日はスクワット勘弁してもらっていいですか？」って言ったら、「バカヤロー！　ヒザに溜まった水なんて、スクワットしたら治るんだ！」って怒られて、やらされてたことがありましたよね（笑）。

藤原　泣きながらやったよ。「小鉄のヤロー、いつか殺してやる！」と思いながらね（笑）。

前田　でも、そういうのが当たり前だ、みたいな気持ちもありましたよね。俺なんかプロレスの世界とか、プロスポーツの新人がどんな練習をして、どんな生活をしてるのか全然知らずにまっさらなまま入ったからさ。経験することはすべて、「あっ、そうなんだ」って、言われるがまま素直に受け入れてやってましたよ。逆に言うと、だから俺はかわいがられてたんだなと思うんだよね。

藤原　そう。前田は純粋だからみんなにからかわれつつ、かわいがられてたよ。

前田　昭和のあの頃って、べつに新日本じゃなくても、たとえば早稲田大学のラグビー部でも

「合宿中は真っ黒な血尿をみんな出す」とか、普通のことのように言われてたからね。しごきとかハードトレーニングっていうのは、アマチュアの学生でもやってるんだから、プロだったら当たり前だと俺は思ってたんだよ。

藤原　だから、昔の新日本の道場にはイジメとかはあんまりなかったよな。まあ、人に言わせればそれがイジメなのかもしれないけど。遊びで新弟子に馬鹿なことをやらせたりっていうのは、たしかにあったけどな。「道場の周りをスッポンポンで走れ！」とかさ（笑）。

前田　佐渡かなんかに巡業に行った時、台風が接近してて波が荒れてる港で、誰かが小杉（俊二）とかに「ここに飛び込んで泳いだヤツには5万円やる！」って言ったら、3人か4人くらい飛び込んだからね。

藤原　そういうのは昔からあるんだよ。俺が若い頃、北海道の函館に泊まった時、まだ寒い季節だったんだけど、道路の雪は溶けてたから朝みんなでランニングに行ったんだよ。それで海岸に着いた時、坂口さんか誰かが「ここで誰か泳いだら1万円！」って言うから、俺はドボーンと飛び込んで泳いだからね。

――冬の津軽海峡を（笑）。

藤原　あれはヘタしたら死ぬぞ。

前田　泳ぎで思い出したけど、佐山さんってあんなに運動神経がいいのに泳げないんだよ。

――しかも海に囲まれた下関出身なのに（笑）。

前田　なんでもすぐできるんだけど、泳ぎだけできないんだよ。
藤原　だって佐山は高校だってあれだろ？
――あっ、水産高校ですね（笑）。
藤原　水産高校で泳げないんだからな（笑）。走るのも速いし、運動はなんでもできるんだけど、泳げなくて、酒が飲めなくて、甘い物ばっかり食べてるのが佐山だからな。

新日本・UWF〝酒乱〟伝説

――前田さんは、お酒に関しては道場で覚えた感じですか？
前田　あの頃、高校生で酒飲んでるヤツなんていくらでもいたけど、俺は酒なんて飲まなかった。俺が高校3年の夏ぐらいにビールのロング缶が発売されて、空手の練習が終わってから試しに1本飲み干してみたら、ふわっとしちゃってこれは酔うなって。それぐらいですよ。
藤原　前田は酒が弱かったんだよな。
前田　それが新日本に入門した翌年の春、「おい、花見やるぞ」って、道場の若手がみんな集められてね。その時はもう（ヒロ）斎藤とか平田（淳嗣）なんかもいて。「酒乱がいるかもしれないから試そう」って、いきなりどんぶりに日本酒と氷を入れてレモンを搾って、「飲め！　一気だ！」って言われて飲まされてさ。

藤原　それは何歳の時？

前田　俺がまだ入って半年ぐらいで、包丁持って暴れた時ですね。

藤原　今だったら捕まってるよ（笑）。

前田　酔っ払ってわけわからなくなって包丁持って暴れてたら、ミスター高橋さんが包丁を取り上げようとした時、はずみで高橋さんの手を刺しちゃったんだよ（笑）。

――道場で刃傷沙汰！（笑）。

藤原　花見の次の日に道場に行ったら、高橋さんが手に包帯巻いてて「いやー、アイツに手を切られたんだよ」って言ってたもんな。

前田　包丁持ってみんなを追いかけ回して、その包丁を投げたら、斎藤の顔の横をかすめて壁に突き刺さったんだから。あとちょっとズレてたら殺人だよ（笑）。

――その花見は、ちょうど藤波辰爾さんが凱旋帰国した時だったんですよね。だから「道場で酔っ払って暴れた新弟子がロープで縛られてて、それが前田との出会いだった」って言ってました（笑）。

前田　そう。小林さんとか何人かで俺を取り押さえて、グルグル巻きにされたんだよ。そんなビールのロング缶を1本飲んだら酔っ払うような新弟子に、日本酒を1升ぐらい飲ませるんだもん。酔っ払うに決まってんじゃん。

藤原　前田はすぐに酔っ払うもんな。

前田　でも、だんだん強くなりましたよ。

――お酒も強くならざるをえないような環境だったんでしょうね。

前田　（第一次）ＵＷＦの時に相撲の益荒雄関や、この前亡くなった寺尾関とみんなで藤原さんの忘年会に行ってさ。さんざん飲んでから別の店に行こうってなった時、俺はちょっと酔っ払ってたんだよ。それで藤原さんに「お前、酔ってるから帰れ」って言われて、「なんで連れて行ってくれないんですか！　俺も行きたいですよ！」って店の前で駄々こねてた時、ちょうど暴走族がウォーンウォーンって来たんだよ。連れて行ってもらえない悔しさもあってカーッとなってさ、走ってくる暴走族の一人に真正面から顔に蹴りを入れたら、乗ってる人間がその場に倒れて、バイクだけブーンとそのまま走っていってさ。

藤原　そしたら暴走族のヤツらが「テメー、この野郎！　ぶっ殺すぞ！」とか言いながら降りてきたんだけど、酔っ払った前田がボコボコにしちゃいそうだから、俺らが上半身裸になって立ちはだかって、「お前ら、殺されるから逃げろ！」って逃がしたんだよな。

――それは賢明ですね。

藤原　それで俺と益荒雄関と寺尾関と琴ヶ梅関がタクシーでバーッと移動したら、前田が後ろから別のタクシーで追いかけてくるんだよ。「お前は帰って寝ろ！」とか言って帰したけど。それで俺らは次の店に行って、ウイスキーのだるま（サントリーオールド）を２本あっという間に空けてさ。３本目を飲んでる時に、酒が強い琴ヶ梅関がそのままバターンと倒れちゃったんだよ。俺は「勝ったー！」と思ってな。昔のプロレスラーっていうのは、それぐらいすごかったんだよ。

——酒でも負けちゃいけないって教えなわけですよね。

藤原　そう。練習だけじゃないんだよ、酒もそうだし、ジャンケンだって負けたらムキになるからね。

前田　その後、別の日に今度は髙田と山ちゃん（山崎一夫）の3人で六本木の行きつけの店に飲みに行って、当時はIWハーパーが飲み放題だったんだよ。それで中ジョッキに氷をいっぱい入れて、「駆けつけ3杯ね！」ってIWハーパーのロックを3人で3回一気したら、ボトルの最初の1本目は1分でカラだよ。

——すごいですね。僕も昔、リングスの忘年会に参加させてもらった時、駆けつけ3杯だけで潰されたことがあります（笑）。

前田　リングスの忘年会の時はね、選手全員横に並ばせて、「お前らがどのくらい成長したか見てやるから、全員チンコ出せ！」って言ったんだよね（笑）。

——なんの成長を確認してるんですか（笑）。

前田　俺が小さい時に親戚のおじさんが家に遊びに来ると、「おっちゃんがどれだけ大きくなったか見てやるから、おい、チンコを出せ！」って言って、チンコを引っ張るんだよ。それを思い出してアイツらのチンコも引っ張ってやったんだよ（笑）。

——前田一族の伝統をリングスにも受け継いで（笑）。

藤原　でも、チンポを引っ張っても伸びるのは皮だけなんだよな。で、それよりずっと前の話だけど、渋谷に包茎手術ができる整形外科があったんだよ。そこに最初に行ったのが、猪木さん、柴田勝久さん。次に行ったのが、俺と木戸修さんだな。これ、書くなよ！（笑）。

――大丈夫です。前に出した組長の『猪木のためなら死ねる！』という本でもすでに書いてますから（笑）。

藤原　あっ、書いてあったか（笑）。

前田　こんな話が本になってるんですか？

藤原　この対談だって、チンポの話ばっかりじゃねえか（笑）。

――まあ、チンポはともかく。さっきのお酒の話ですけど、前田さんが若手の頃の新日本道場では、体を大きくするために練習後の食事の時にビールを飲むというのが普通だったんですか？

前田　体を大きくするためならビールでも酒でも飲めるなら飲めっていう感じだったんだよ。日本酒はそのままだとそんなに量を飲めないから、「氷を入れてレモンを搾ったら飲みやすくなる」って言われてさ。

――日本酒にレモンを搾るんですか!?

前田　それが飲めるんだよ。1回やってみ。

藤原　「1回やってみ」って、そんなバカなことレスラー以外は誰もやんねえよ！（笑）。

常に「格闘技戦」を想定していた新日本の練習

　前田が新日本に入門した77年は、猪木のザ・モンスターマン戦、チャック・ウェップナー戦が行われ、その前年にはウィレム・ルスカ戦、モハメド・アリ戦があった異種格闘技路線の真っ只中。そして78年には実際の格闘技界と連動した梶原一騎原作の漫画『四角いジャングル』が連載開始。そんな第一次格闘技ブームの最中に前田はプロレスラーとしてデビューした。

――当時の試合についても聞きたいんですけど、前田さんが入門した当時は、猪木さんの異種格闘技路線の真っ只中ですよね？

前田　俺が入門した最初のシリーズが１９７７年の「アジアチャンピオンシリーズ」で、タイガー・ジェット・シンが来ていて、俺は箱根の小涌園大会から合流したんだよね。それでシリーズ最終戦が日本武道館でのザ・モンスターマン戦（77年8月2日）ですよ。

藤原　よく覚えてるな〜。

前田　それで俺はセコンドについて、パーンと叩いたら瞬間冷却されるパックを割る係だったんだよね。それを氷嚢《ひょうのう》にして、ラウンド間に猪木さんが痛めた箇所を冷やすってことだったんだけど。俺はモンスターマン戦だってことで興奮しすぎて、思い切り叩きすぎて何個も破裂させせち

1976年6月25日、猪木vsアリ戦前日の公開計量に、藤原とドン荒川を帯同して臨む猪木

やったんだよ。そしたら「何やってんだ！」って藤原さんに怒られてさ（笑）。

藤原 試合を観て興奮しすぎるっていうのがかわいいよな（笑）。

前田 試合なんか全然観れてないんだけど、妙に興奮しましたね。

――格闘技戦をやっていた時代、猪木さんから配下の選手たちに対して「これからはこういう闘いをやっていくぞ」みたいなお話はあったんですか？

前田 俺が入門してしばらく経った頃、猪木さんが「アメリカンスタイルみたいなプロレスではなく、ちゃんと闘いの技術を見せる試合をやって、柔道や空手の選手が観に来ても『なるほどな。すごいな』って言われるような団体にしていくんだ」って言ってましたよね？

藤原 言ってた言ってた。それを簡潔に言った言葉が「プロレスとは闘いである」っていうことだから。

前田 猪木さんはそういう話を俺たちにする時、必ず「我々は～」って言うんだよ。それでゴッチさんが猪木さんの真似をする時、必ず「ワレワレハ～」って言うんだよ（笑）。

藤原 そういやゴッチさん言ってたよな、「ワレワレハ～」って（笑）。

前田 だから総合格闘技は佐山さんがイチから考え出したなんていうのは全然違う話でね、猪木さんが前から言っていたことなんだよね。

――道場での練習もそういった格闘技を想定したものに変わっていったんですか？

前田 当時の新日本の道場にはボクシンググローブやヘッドギア、あとはムービングするために吊るすゴムとか、みんなあったんだよね。それでテレビ中継の日には、新日本ボクシングジムのミドル級東洋チャンピオンが来て、藤原さんや木村（健悟）さんとスパーリングやってたんですよ。

藤原　やってたな。ヘビー級のチャンピオンの長沢さんっていう人だよ。

前田　あっ、ヘビー級なんですか？

藤原　ヘビー級でもやってた。

前田　もともとはミドル級かなんかの東洋チャンピオンだったんですよね。

藤原　あっ、そうなんだ。10年ぐらい前に再会したよ。ZERO－ONEに出させてもらった時、会場に来てくれてね。「おー、久しぶり！」って俺がお腹にパンチを入れたらさ、まだ腹筋カチコチでさ。「おっ、まだ鍛えてるな」って言ったらニコッと笑って、「しばらく！」って言ってたよ。

――当時は梶原一騎さんの『四角いジャングル』の連載が開始されていて、誌面上でプロレスと空手、キック、ボクシングなんかがクロスオーバーしてましたけど、練習面でもそうだったんですね。

藤原　俺は猪木さんがアリとやる前ぐらいから本格的にボクシングを習い始めたんだけど、センタースポーツのトレーナーの鈴木さんから、「お前、ボクシングに転向しろよ。お前のパンチは速い」って言われたんだよ。パンチのスピードっていうのは、トレーニングでどうにかなるものじゃなくて、素質がモノを言うらしいね。でも、俺が「いや、もう29歳だからダメですよ」って言ったら、「いや、まだ大丈夫。ケン・ノートンとやらせてやるから」って言われたんだけど、俺、ケン・ノートンなんて知らなかったからさ（笑）。

前田　当時、ケン・ノートンは「モハメド・アリのアゴを折った」って、すごい有名だったじゃないですか。

藤原　あっ、そうなんだ？　よく知らないけど、だいぶ誉められたんだな（笑）。

——そういう格闘技の練習というのは、みなさん自主的にやられてたんですか？

前田　やる気がある人が、各自いろいろやってたよね。そういう流れがあったから、佐山さんも目白ジムでキックボクシングの練習をしてたんだよ。

前田に金的を蹴られて倒れなかった猪木

——前田さんが新弟子時代、猪木さんと初めてスパーリングをした時に「なんでもやってこい」って言われて、いきなり目潰しと金的に行ったっていう有名な話がありますけど、その詳細を教えてもらえますか？

前田　なんでそういう流れになったかっていうと、さっき話したとおり、最初は藤原さんに「スパーリングやらせてください！」って言っても、「シッ、シッ！」って追い払われてたんだよね。

で、「これは三顧の礼なんだな」と思ってさ、断られても断られても毎日言いに行ってたんだよ。それで1週間くらいずっと断られてたんだけど、ある日の試合前のリングでの練習中に、俺が藤原さんに「お願いします！」って言って、また「シッ、シッ！」って言われてるのを猪木さんが横で見てて、「藤原、そんな邪険にしなくてもいいじゃないか。じゃあ、俺がやってやるよ。来い！」って言われてさ。

――猪木さん自ら「相手してやる」って言ってくれたんですね。

前田　そう。それで当時の俺は「ボクシングでアメリカに行かせてやる」って言われたから新日本に入ったんだけど、まだ空手の無想館拳心道の所属でもあったんで、流派の名誉を担ってるっていう意識もあったんだよ。だから猪木さんとスパーリングさせてもらうのは光栄なことのはずなんだけど、なんか無下にやられても他の道場生に申し訳ないと思ってさ。

――新日本の新弟子というより、無想館拳心道の看板を背負って来ているという意識のほうがまだ強かったんですね。

前田　それで猪木さんに「自分はレスリングはまったくわからないんで、何をやってもいいですか？」って聞いたら、「おう、いいよ。なんでも来い！」って言われたからさ。「なんでも来いって、何をやったらいいんかな……」って考えてた時、大山（倍達）総裁の本に「プロレスラーとやる時は目突きと金的しかない」って書いてあったのを思い出して、それでやったら怒られたんだよ（笑）。

――空手家がプロレスラーと闘う際の必勝法を試したら（笑）。

前田　目突きをやった瞬間に周りのレスラーがみんな来てさ、「お前、社長に何をするんだ！」ってフルボッコにされたんだよ。「何をやってもいい」って言われたからやっただけなのにさ（笑）。で、それを見てた藤原さんが面白がって、翌日も俺が「スパーリングお願いします」って頼みに行ったら、初めて「よし、来い！」って言ってもらえたんだよ。

――猪木さんへの目突きと金的がきっかけで、スパーリングやってもらえるようになったんですか！（笑）。

藤原　「何をやってもいい」って言われても、猪木さんにそんなことやるヤツなんていないもんな。「お前、面白いヤツだな」と思ってさ（笑）。

前田　だから俺が猪木さんに目突き、金的をやらなかったら、今の総合はないんだよ（笑）。

――真のノールールでやった猪木vs前田こそが総合格闘技、バーリ・トゥードの原点なんですね（笑）。

藤原　でも、よく猪木さんは前田に金的を蹴られて倒れなかったよな。きっとチンチンが小さくて、的が外れたんだろうな（笑）。

――また、誤解を招くようなことを（笑）。

前田　正確に言うと、金的を蹴りに行ったけど猪木さんは内ももが発達してるんできれいに入らなかったんだよ。でも、目突きは目をこすってね。猪木さんが一瞬、「うっ……」ってなったんだけど、次の瞬間、みんながリングにうわーっと上がってきて、後ろから羽交い締めにされてボッコボコだよ（笑）。

藤原　俺だけだよ、リング下で笑いながら見てたのは。「これ、猪木さんも悪いよ。やるじゃねえか、コイツ」と思ってさ（笑）。

――猪木さんに目潰しするようなトンパチは、藤原さんから見ても異質でしたか。

藤原　そんな新弟子いないもんな。

前田　でも、俺から見たら、藤原さんこそ先輩たちのなかで異質でしたけどね。当時は藤原さんのこと、みんなが腫れ物に触るような感じだったんですよ。

藤原　そりゃそうだよ。毎晩、「小鉄のヤローー！」って言いながら、包丁で白樺の木を刺してたんだから。そんなヤツがいたら、俺だって近づきたくねえよ（笑）。

帰国子女みたいな栗栖、フリチンの永源

藤原喜明は、新日本が旗揚げした72年に23歳で入門。もともと横浜のスカイジムで元・日本プロレスのレスラー金子武雄からウェイトトレーニングや寝技の指導を受けていたため、即戦力として入門わずか10日というスピードデビューを果たしている。

しかし、入門時期が旗揚げから8カ月後と少し遅かったため、若手最年長ながら同じ年に入っ

たグラン浜田、栗栖正伸、ドン荒川、小林邦昭らの後輩となり、坂口征二とともに73年3月に日本プロレスから新日本に移籍してきた木村健悟、キラー・カーン、大城大五郎らとは、新日本では先輩だが業界では後輩。入門が1日でも早ければ「先輩」という上下関係が厳しい当時のプロレス界では、微妙な立場だった。

――藤原さんって、新日本が旗揚げした年に入門した人のなかではいちばん後輩なんですよね。

藤原 みんな1週間とか1カ月先っていうだけなんだけど、この世界は1日でも早く入門したら先輩だからな。小林邦昭なんかは当時17歳だよ。俺より6つも年下で、1週間しか違わないのに俺は「小林さん」って言わなきゃいけないんだから。

――そのなかで軽く見られないために、夜な夜な包丁で白樺の木を斬りつけたりしていた、と。

藤原 「ナメられてたまるか!」と思ってな。女性にナメてもらうのは気持ちいいけど(笑)。

前田 それは誰でも気持ちいいですよ(笑)。

――前田さんが入門した時の寮長は小林さんですか?

前田 いや、荒川さんだね。

――その頃、荒川さんはまだ寮にいたんですか。

前田 荒川さんのあとが小林さんだからね。

藤原 荒川さんが寮長なんだもんな。そんなもんムチャクチャだろ。

前田　ムチャクチャですよ。寮には荒川さん、栗栖さん、大城さん、小林さん、佐山さん、それと俺の6人しかいないんだよ。それでちゃんこ銭（道場での食費）が当時で1日2万円だよ。それが毎日だからね。びっくりしたよ。

――それは豪勢ですね！

前田　肉なんか牛肉を1食に4～5キロ買うんだよ。鶏だったら10キロとかさ。それが食い切れなくて残って、次の日にゴミ箱にそのままポーンと捨てるんだよ。そんなのもったいないじゃん。それで「なんで捨てるんですか？」って聞いたら、「余らせるとちゃんこ銭が減らされてしまうから」って。

――自治体の道路工事の予算みたいなもんですね。

前田　あと道場にピンクの公衆電話があって、みんなガールフレンドとかに電話をかけるんだよ。それで10円玉が入ってる箱があって、そこから10円をいくらでも取れるんだよ。だからそこから取って、みんな無限電話してるんだよ（笑）。

藤原　そりゃ会社も苦しくなるわな（笑）。

――当時、道場にいた人についても、うかがいたいのですが、栗栖さんはどんな方でしたか？

前田　栗栖さんは、どっかアメリカナイズされた優しくていい先輩でしたよ。

藤原　でも、ムチャクチャだったよな。荒川さんとよく試合中にケンカになってさ。そうすると「おー、始まったぞ！」って、みんな控室から出てきて、「おー、行け、行け！　鹿児島選手権だ！」って、お客さん以上に俺たちが盛り上がるんだよ（笑）。

前田 リングで練習している時さ、猪木さんが「藤原、こうやるんだよ。栗栖、ちょっと来い！」って、栗栖さん相手に技をやってみせようとしたら、何を思ったか踏ん張っちゃって技をかけさせなくてね。それで猪木さんが怒っちゃってさ、「なんだコノヤロー！」ってその場で栗栖さんをボコボコにしたことがあったよ（笑）。

藤原 それが総合格闘技の始まりかもしれないな（笑）。

――猪木さん相手でも意地を張っちゃうような人なんですか？

前田 いや、栗栖さんってなんか帰国子女みたいな感じで、ちょっとニュアンスがわからなくて抜けてるところがあったんだよ。

藤原 ちょっとおかしかったよな（笑）。

――栗栖さんは新日本に入る前、プロレスラーになるために単身アメリカに飛んで、ロサンゼルスで猪木さんに拾われたっていう経歴がありますけど、それも関係してるんですかね。

藤原 それで猪木さんが「今日からアメリカから栗栖っていうヤツが来るから、面倒見てやれよ」って言うから、てっきりみんな「クリス」っていうアメリカ人だとばっかり思って、「ちゃんこは食えないだろうから、肉でも焼いてやるか」って、肉をたくさん買って待ってたらしいんだよ。それでいざ来てみたら、どう見たって日本人そのままの顔でみんなズッコケたんだ（笑）。

前田 俺が寮長の頃、パキスタンから練習生が来たんだよね。それでイスラム教徒だから豚肉が食えないんで、ちゃんこでもしばらくは豚肉を使わなかったんだよ。そしたら栗栖さんが「たまには豚ちりとかつくれよ」って言うんで、「いや、あいつイスラム教だから豚肉食えないんですよ」って言ったら、「黙ってりゃわからねえよ」って言うんで、黙って食わせたんだよね。

――悪い人たちですね（笑）。

前田　そしたらある時、「これは何の肉だ？」って聞いてきたんで、俺はごまかしたんだけどさ。栗栖さんが「ポークだって言ってやれ。ポーク！　ポーク！」って言ったら、そいつが涙をボロボロこぼしてさ。即行で辞めて国に帰って行ったんだよ（笑）。

藤原　ムチャクチャだよな。今なら国際問題だよ（笑）。

前田　あと、当時の夏の練習は道場の窓を閉め切ってやるんだけど、天井がビニールトタンだから、ビニールハウスより暑くなるんだよ。道場の中が50℃近くあったからね。その中で練習をやるから、終わると5～8キロくらい体重が落ちてるんだよ。もう喉なんかカラカラだからさ、当時あったコカ・コーラの1リットル瓶に、発売されたばかりのゲータレード（スポーツドリンク）を入れて冷蔵庫の中に置いてたんだけど、いつも誰かに飲まれちゃうんだよ。それで頭に来てさ、ある日、瓶の中におしっこをガンガン入れてね。

藤原　汚ねえな（笑）。

前田　それで置いておいたら、また中身だけなくなってるんだよ。その時、斎藤と平田がいたから、「ヒロ、おしっこを入れたやつがなくなってるよ」って言って、「俺のおしっこを入れたゲータレードを飲んだ人は誰ですかー?」って聞いたら、栗栖さんが吐いてたんだよ(笑)。

——アハハハハ! 容疑者発見(笑)。

藤原 練習後にグビグビ飲んだんだろうな(笑)。

——当時の新日本には永源遙さんや柴田勝久さんなど、日本プロレスから来た人たちもけっこういましたけど、やはり日プロ出身者は少し毛色が違いましたか?

前田 永源さんはいつもフルチンのまま浴衣みたいなのを羽織ってウロウロしてるんだよ。

藤原 練習はあまりしなかったんだよ。

前田 永源さんがスクワットをやっても、30センチくらいしかしゃがまないんだ(笑)。

藤原 ハーフスクワットにもなってないんだよ。まあ、足の長さの問題かもしれないけどな(笑)。

前田 みんな「スクワットを○回やった」とか言うけど、ほとんどの人がフルスクワットをしてないんだよ。俺と藤原さんと小鉄さんと猪木さんがフルでやってたけど、あとの人たちはハーフでしたよね。あと他にフルでやった人はいましたっけ?

藤原 うーん……浜田さん(笑)。

——それは足が短いからでは(笑)。

前田 あと荒川さんもフルでやってましたね。

藤原 でも、そのおかげで俺は今ヒザがグチャグチャなんだよ。藤原組の時はゴッチさんが68歳で、一緒にスクワット3000回を58分でやったからね。

――それは回数が多いだけじゃなくて、かなりの速さですね。

藤原　「よし、今日はスクワットをやるぞ！」って言うんで、「何回やるんですか？」って聞いたら、「ヘッヘッヘッヘ……」って笑ってるから、「ありゃー、これは500回かな……」と思ってたら、「500、501……」って続いて、「ああ、1000かな」と思ったら、「1000、1001……」って続いて、「おいおい、2000回かよ!?」と思ったら、「2000、2001……」って続いて、「ありゃー」と思ってさ。

前田　ゴッチさんは気分がよかったら何回でもやっちゃうんですよ（笑）。

藤原　それで2000回を過ぎたら、「もう死ぬまで付き合ってやるわい！」ってなってくるんだよな。

ゴッチが伝えた〝相手を殺せる〟技術

――当時のベテランで寝技が強かった選手というと、日プロのゴッチ教室で習ってた北沢幹之さんですか？

前田　でも、当時はもうスパーリングは全然やってなかったよ。

藤原　俺はあんまり強いとは思わなかったけどな。

新日本との業務提携時代も試合
前の藤原教室は続けられていた
（1986年1月24日、静岡産業館）

前田　やったんですか？

藤原　何回かやったはずだよ。強かったら「強いな」って覚えてるはずだけど、やった記憶があるかなってくらいだから。

前田　北沢さんが寝技が強いっていうのは、俺が広めたんだけどね。リングスを始めたばかりの頃、（ヴォルク・）ハンが北沢さんを極められなかったんだよ。

藤原　守りが強いのかもしれないな。守り方を覚えられたら、なかなか極まらなくなるんだよ。だから上に乗っかって疲れさせる必要がある。そして苦し紛れに手を出してきたら、それをいただけばいいだけでね。才能があるヤツだったら半年もやればなかなか極められなくなるからさ。

前田　自分の体重を乗せて相手をコントロールするとか、寝技はそれがいちばん大事ですよ。その感覚を身につけないと絶対に強くはなれない。

藤原　でも、今の総合だと時間が短いからな。だからどうしても力比べ、体力勝負になっちゃうよな。1ラウンドたったの5分とかだろ。

前田　だから俺らの時代で「寝技で顔面殴っていい」って言われたら、もっと簡単に極められましたよね？

藤原　簡単だな。

前田　俺らは殴ったらダメだっていうのがあるから大変だったけど。

藤原　あとは手首や拳、アゴとか骨の硬い部分を使って、殴らずに相手をグリグリっと痛めつけるとか、そういう技術もいっぱいあったんだよ。今のヤツらはそういうのは知らないんじゃないかな。

前田　あとはグラウンドで相手が下になってる時に、首からコントロールするっていうのをみんな知らないんだよね。相手を動かすために。

藤原　でも、首を折ったらいけないんだろ？

前田　ブラジリアン柔術は首を絞めてもいいけど、折りにいったらダメなんですよね。

藤原　でも、俺らが狙うのはまず首だからね。相手を殺せる技は、首をヘシ折ることだから。

前田　首は柔軟だからそのまま曲げても折れないんだよ。でも頭をロックして、どっちかに力を入れて動かすと折れるんだよね。

――ゴッチさんがフロントフェースロックの体勢でロックして、フロントネックロックで首を折る技をやってみせた映像を見たことがあります。

藤原　そう。あとはそのまま体重を乗せてもグシャッとなるね。クルック・ヘッドシザースなんかも首を折る技だから。俺がゴッチさんに「あれって極まらないんじゃないですか？」みたいなことを言ったらさ、首が折れそうになるくらい極められて、「どうだ、フジワラ？」って言われたことがある。あの人にそういうことを絶対言っちゃダメだってわかったよ（笑）。

前田　ゴッチさんはそういう怖い極め方をするんだよね。「あと1ミリ動いたら折れるな」みたいなことをするんだよ。

藤原　ギリギリのところを知ってるんだよな。

新日本道場に技術革新をもたらした「藤原ノート」

――前田さんとゴッチさんの出会いはいつだったんですか？

前田　俺がデビューして3年後の21歳くらいの時、ヒザをケガして道場の残り番をしてたんだよ。その時にゴッチさんが日本に来て、小鉄さんか新間さんに「ゴッチさんと一緒に別府に行け」って言われて、それで一緒に行ったんだよ。

藤原　俺がフロリダに行ってた時かな？　俺が向こうに滞在中、ゴッチさんが「明日から日本に行くから」って言って、1週間くらい帰ってこなかったことがあるんだよ。「俺がこっちに来てるのに、日本に行っちゃうのかよ……」って思った記憶があるよ。

前田　いや、もっとあとですよ。あの時、ゴッチさんは2～3カ月は日本にいましたもん。

藤原　そうか。

――その時、前田さんはゴッチさんをある意味で独占できたわけですか。

前田　マンツーマンで練習させてもらいましたね。もう毎日、朝から晩まであれしろこれしろって言われてさ。一つ質問したら10個くらい返ってきたよ。

藤原　だから、俺がフロリダに行った時もそうだったけど、一度にいろいろ教わりすぎて、1日の練習が終わったあと「さて、今日は何を教えてもらったんだっけ？」って思い出そうとしても、半分以上忘れちゃってるんだよ。俺はそれに気がついて、「よし、新しいことを覚えるのは1日2、3個が限度だな」と思って、その2、3個だけは忘れないように覚えておいて、夜アパートの部屋に帰ってからノートに書き留めておいたんだよ。イラストとメモでわかりやすくね。

――それが「藤原ノート」になったわけですね。

藤原　4カ月くらいそれを続けてさ、ある日「実はこういうのを書いていたんです」って見せたら、ゴッチさんの顔色が変わってな。それからは新しい技を教えてくれなくなったんだよ（笑）。

――技術をどんどん盗まれると思ったんですかね（笑）。

藤原　次の日からはスクワットとロープ登りだとか、プッシュアップだとか、そんなのばっかりで、「うわっ、しまった……」と思ってさ（笑）。でも、ゴッチさんの技術はなかなか盗めるもんじゃないよ。

前田　藤原さんがフロリダのゴッチさんのところでそういった技術をいっぱい覚えてきたんで、日本に帰ってきてからのスパーリングの内容がガラリと変わってってね。寝技のコンビネーションとか、そういうのが入ってきたんですよ。

藤原　八分くらいの力で相手を動かしながら、逃げ場を塞いでいくような感じで極めるんだよ。

前田　スパーリングを繰り返していくと、寝技のスタミナがついていって、体力的にラクになったんだよね。それまでは体力を奪われて極められてたんで、「よし、これで自由に逃げられるぞ」って思ったんだけど、フロリダから帰ってきた藤原さんとスパーリングしたら、逃げた先にまた技術が待ってたんだよね。

藤原　詰将棋みたいなもんでね、先の先まで読んで、「これに失敗したらこういう手もある」とか「こう逃げるだろうから、こう極める」とか、幅が広がったな。

前田　髙田の場合、しっかりと押さえ込んだりそこから逃げたりする練習をする前に、そっちの技術練習のスパーリングをやってしまったから、押さえ込まれたら弱いんだよ。

――藤原さんがゴッチさんのところから帰ってきたことで、新日本の道場に技術革新が起きたわけですね。

藤原　ゴッチさんに習ったことをそのままやるんじゃないんだよ。日本に帰ってきてから前田なんかを相手にスパーリングをして、ゴッチさんから習ったことをいろいろ試してみて、自分なりに修正してアレンジして、初めて使える技になった。

――ゴッチさんの技をブラッシュアップして、自分の技にしたわけですね。

藤原　俺は37歳の時に関節技の本を出したんだよ。ゴッチさんに叱られるかなと思いながらも、「実はこういう本を出しました」って渡してね。そしたらゴッチさんが本をパーッと見て、俺が「すみません。ゴッチスタイルをこういう本にしてしまって……」って言ったら、「違う。これはゴッチスタイルじゃなくて、お前のスタイルだ。私が教えたことをそのままやってるようではダメなんだ。レスラーはそれぞれ腕の長さも筋力も違うんだから、力を入れるポイントも違ってくる。お前のスタイルでいいんだ。よくやった」みたいなことを言ってくれたんだよ。俺は叱られると思ってたのにさ。ありがたかったね。

――前田さんは新弟子時代から寝技の押さえ込みを身につけて、次に藤原さんがゴッチさんのところから持ち帰ったコンビネーション技術を学べて、その後、ゴッチさん本人からもマンツーマンの指導を受ける機会があって、いい時期に若手時代を送れたんじゃないですか？

前田　だから新日本に入ってからの数年間っていうのは、すごくいい時間だったね。全部経験できたから。なので後年リングスを旗揚げして、選手発掘をするのにいろんな格闘技の選手とスパーリングしたけど、慌てることが1回もなかったね。ロシア人のあんなでっかいのを相手にした時は、「コロッとやられたらカッコ悪いな」と思ってたんだけど、やってみたら「あっ、大丈夫だな」みたいな感じで。

藤原　俺たちがやってた練習は、誰とでも闘えるための練習だったからな。

前田　俺がゴッチさんとやってよかったと思うのは、習ってても「いや、こんなことできないでしょ」って思うことがいっぱいあったんだよ。でも、リングスが始まってからサンボの連中と一緒に練習してると、「あっ、あれはこういうことだったのか！」って、あとになって気づくことがいっぱいあったんだよね。

藤原　俺だって一緒だよ。最初に習った時は「そんな都合よくいくかい」と思ってても、ずっとやっていくうちに、「ああ、そういうことなんだな」って、わかる日がくるんだよ。

――さっきおっしゃってたクルック・ヘッドシザースの話は、まさにその一例で。

藤原　「あんなの極まらないですよね」って言ったら、「そうかい？」って言ってボキボキボキッて首を極められてな（笑）。

前田　俺がリングスをやり始めて、雑誌の取材も兼ねてゴッチさんの家を訪問したことがあったんだよ。その時、ゴッチさんに「今、僕はロシアのサンボの連中と交流があってロシアに練習に行ったりしてるんですよ」って話をしたら、「お前、それはすごくいい考えだ。それはベストチョイスだ。俺もいつか誰かがそういうことをしないかなと思ってたんだよ」って言ってくれたんだよね。

藤原　藤原組にも8人くらいロシアの選手が来たんだけど、あいつらの力や運動神経はものすごかった。ゴリラに近いよな。あの時に来たのは、190センチ台や2メートル超えの選手がゴロゴロいてな。そいつらは腕のリーチも長くて、あんなにデカいのに軽くバック転するんだよ。生まれながらにしての肉体的な素質があるんだろうな。

力道山、ゴッチも認めた猪木の根性

――前田さんの若手時代、ゴッチさんと猪木さんの関係はどう見えましたか？

前田　いや、べつによくも悪くもなかったよ。俺が新弟子の頃に感じたのは、「長年続いた仲だったんだろうな」ということ。それでUWFになってからは、猪木さんとゴッチさんは連絡を取ることもなくなったんだけど、俺がゴッチさんに猪木さんのことを聞いたら、「アイツはサノバビッチ・ガッツを持ってる」って言ってたんだよね。ちょっと考えられないくらいの土性骨《どしょうぼね》があるって。

——あのゴッチさんが言うんだから、相当なものですね。

前田　猪木さんは10代の頃から、すごく波乱に満ちた人生を送ってるんだよね。もともとはお父さんが神奈川県の県議会議員選挙に出る途中で亡くなって、おじいさんが「このままじゃダメだから」って家族みんなで新天地のブラジルに行こうって音頭を取って渡るわけだけど。パナマ運河を越えたところでそのおじいさんが亡くなって、一家の大黒柱であるお父さんやおじいさんがいないなか、14～15歳で朝から晩までブラジルのコーヒー農園や市場で働いてたわけでしょ。とんでもないよね。

藤原　当時の日本人がまったく知らない場所で、そういう苦労をしてきたわけだからな。

前田　当時の移民の人たちの大変さを考えるとさ、そういうことを経験しているからこそ、猪木さんはガッツがあったんだと思うね。力道山に連れられて日本に帰ってきてからも、相当苦労したわけでしょ。

——あの力道山の住み込みの付き人だったわけですもんね。

前田　ある時、猪木さんが力道山にクルーザーに乗せられてさ、相模湾の海上で4～5キロ先の初島《はつしま》の港まで「泳いで行け！」って言われたらしいんだよ。なんでそういうことをさせるかというと、そのクルーザーには新聞記者も乗っていて、「レスラーはこれだけすごいんだ」というのを見せるために、力道山が猪木さんに「お前、泳げるのか？」って聞いて、「泳げます」って言ったら、「じゃあ、初島まで泳げ！」って言って、猪木さんをクルーザーから海に突き落としたんだよ。

藤原　もはやパワハラどころじゃねえな（笑）。

前田　その時、北沢さんもクルーザーに乗ってたんで話を聞いたら、猪木さんは3〜4時間かけて泳ぎ切ったって。真夏の相模湾だよ？　普通だったら死んでるよ。真夏の相模湾って、戻り鰹目当てのハンマーヘッドシャークがいっぱいいるからね。

——えっ、そうなんですか？

前田　戻りカツオが入ってくるんで、それをエサにしてるハンマーヘッドシャークがいっぱいいるんだよ。俺はリングスの頃、船に乗ってたから知ってるんだけど。あれは喰われててもおかしくなかったと思うよ。

——しかも初島まで泳ぐにしても、入念な準備をしていたわけじゃなく、その場で「泳げ！」って言われるムチャぶりなわけですもんね。

前田　そのせいか猪木さんは泳ぎに自信があるみたいで、俺がパラオに連れていかれた時に「前田、泳げるか？」って聞かれたんで、「ちょっとぐらいなら泳げますよ」って言ったら、「じゃあ、シュノーケルと足ヒレを着けて、俺が先に行くからあとからついてこい」って言われてついていったんだけど、行けども行けども帰ろうとしないんだよ。当時は映画の『ジョーズ』が流行ってた頃でさ、海中をのぞいてみたらサメみたいのが見えるんだよ。

――それは怖い！（笑）。

前田　また水の中だととんでもなく大きく見えるんだよ。それで水底に赤珊瑚みたいなものが見えたら、猪木さんが「あれ、取ってこい」って言うんだよ。取ってこいっていっても20〜30メートル下なんだよ。潜れないよ（笑）。でも、そういうことをあの人は平気で言うんだよね。

藤原　昔、そういうことよくあったな。真冬にどこかの温泉に行った時、露天風呂ですぐ隣が海なんだよ。そしたら「おい、藤原。行くぞ！」って言い出して、真冬の海にいきなりドボーンと飛び込むんだよ。「来い！」って言うんだけど、さすがに俺は行かなかったよ（笑）。

――そうですよね（笑）。

藤原　とにかくムチャクチャな人だったよ。猪木さんは寒いのは平気だったよね。だって氷風呂に入ってるんだよ。あの人には寒さとか冷たさを感じる神経がないんじゃないかな。

前田　俺はその話を聞いて、柔道家や相撲取りで糖尿病を患った人に「猪木さんは氷風呂に入って血糖値を下げたんですよ」っていう話をしたら、何人かやった人がいたんだよね。それで「どうだった？」って聞いたら、「いや、あんなのできないですよ。無理、無理」って言ってて。

藤原　水風呂ならまだしも氷風呂だからな。

前田　だから猪木さんの根性っていうのは、ちょっと計り知れないですよね。

ブラックジャック・マリガンを〝やった〟藤原

――藤原さんは70年代、付き人として猪木さんの危険な試合も間近でご覧になっていますけど、いちばん印象に残っているのは、やはりモハメド・アリ戦ですか?

藤原 アリ戦はもちろんそうだし、あとはパキスタンのアクラム・ペールワン戦もそうだよな。あれは怖いよ。だってな、相手はどういうヤツでどんな技を使うのか、なんの情報もないんだよ。闘いにおいて、相手が何をしてくるかわからないっていうのがいちばん怖いからな。

――しかもパキスタンというのは敵地であり、〝未知の国〟で闘うわけですもんね。

藤原 軍隊がリングの周りをグルッと囲んでてライフル銃を持ってるしな。試合では猪木さんがペールワンの肩を脱臼させて勝ったけど、その瞬間、軍隊が客席に向けて銃を構えてな。暴動を起こさせないようにしたんだろうけど、もし発砲して流れ弾が猪木さんに当たったら大変だと思って、俺はとっさに両手を広げて盾になったからね。俺もよくそんなことやったと思うけど、命懸けだよ。

――それと比べたら、「シュツットガルトの惨劇」と呼ばれた猪木vsローラン・ボックがあったヨーロッパツアー(78年)は、たいしたことなかったですか?

藤原 あのヨーロッパツアーは、とにかく移動に次ぐ移動のひどいスケジュールで、移動の車やホテルもひどかったから、それが〝惨劇〟だっただけで、試合自体はべつに普通だよ。

前田　藤原さんは、ローラン・ボックともスパーリングやったんですよね？

藤原　「やれ」って言われたから、「なんで俺がやらなきゃいけないんだよ……」と思いながらもやったんだよ。そしたらボックは俺を寝技でコロコロ転がしていて、「コイツは何をやってるんだ？」って思ったら、アイツはアマチュアレスラーだからフォールを狙ってたんだよ。でも、こっちはプロだから、両肩がリングについたところで痛くも痒くもないもんな。それで、ちょうど足首があったんでガチッと極めようとしたら、「ちょっと待て。俺はヒザを痛めてるから足はやめろ」とか言い出して、「ふざけんじゃねえよ！」と思ってさ（笑）。

――当時、ヨーロッパでもサブミッションを使う選手は少なくなってたんですかね。

藤原　そうなのかもな。ゴッチさんが若い頃は、フッカーっていう、団体の名誉を守るための番人みたいなレスラーが各団体に1人、2人は必ずいたんだよ。

――おかしなヤツが来たらやっちゃう、みたいな。昭和の新日本では、それが藤原さんだったわけですよね？

藤原　そういうことも何度かあったな。俺は後楽園ホールで、ブラックジャック・マリガンとやったことがあるんだよ。身長2メートルくらいあるアメリカ人で、ケンカが強いとかいう触れ込みでな。それで俺と後楽園でやった時、向こうは俺のことをものすごく馬鹿にしてくるんだよ。それで頭に来たから、足首をボキボキッて極めてやったんだ。その4日後、フロリダに行ってゴ

ッチさんに会ったら、「おい、フジワラ。お前、マリガンをやったらしいじゃないか」って言われてな。インターネットも何もない時代に、4日で地球の裏まで話が届いてたんだよな。

――「あのケンカが強いマリガンがやられたらしい」ってことで、レスラー間の口コミネットワークで、すぐに広まったんでしょうね。

藤原 おそらくゴッチさんのところにも、誰かから「フジワラって知ってるだろ?」って電話が行ったんだろうな。

――ブラックジャック・マリガンって引退後、銀行強盗かなんかで捕まりましたよね?

藤原 いや、銀行強盗じゃなくてアイツはニセ金をつくったんだよ。

――あっ、そうだ!

前田 えっ、マリガンって捕まったんですか?

藤原 捕まったよ。息子(ケンドール・ウインダム)とニセ金をつくってな。ギャングみたいなもんだったんだよな。そういうヤツが普通にリングに上がってプロレスやってたんだから、すごい時代だったよ(笑)。

ケンカ試合を容認していた猪木

――当時は試合中、ケンカになるようなこともたびたびあったわけですか。

藤原　だから、さっき言った荒川さんと栗栖さんの鹿児島選手権みたいに、お互い意地を張るからすぐケンカが始まるんだ。そうすると、他のレスラーがみんな喜ぶんだよ。「おっ、始まった。やれ、やれ！」みたいな感じでね。だから俺とキラー・カーンがやった時だって、試合中、星野（勘太郎）さんが猪木さんに「藤原と小沢（正志＝キラー・カーン）がこんなことになってます」って報告したら、「そうか。ハッハッハ」って笑ってたっていうもんな。だから試合中にケンカになっても、猪木さんは咎《とが》めるどころか「これがプロレスだ」って言うんだから。面白い時代だったよ。

前田　そうですよね。だから俺が平田とやってケガをさせたときも、平田が小鉄さんのところに行ったら、「ケガするほうが悪いんだよ」って、小鉄さんでもそう言ってたんだよ。

――あの時は、前田さんの蹴りで平田さんの下唇を歯が貫通したんですよね？

前田　ニールキックやったら平田の口に入って、歯が唇を貫通したんだよ。でも、それで俺が怒られるようなことはなかったから。

藤原　闘いをやってるわけだからな。俺とキラー・カーンだって、正々堂々とケンカしただけだし。

前田　あの時、最初は藤原さんと小沢さんの口ゲンカだったんですよね。そしたら小沢さんが捨て台詞で「俺はマジソン（・スクエア・ガーデン）でメインを張ったけど、お前は万年前座じゃねえか！」って言ったら、翌日か翌々日に藤原さんと小沢さんのカードが組まれて。

藤原　突然シングルマッチが組まれたんだよ。

前田　そしたら試合中、小沢さんがギャーギャー声を上げっぱなし（笑）。なぜか最後は小沢さんがスモールパッケージホールドで勝ったんでしたっけ？

藤原　違う違う。試合中、俺がガンガンやったわけよ。「お前、マジソン・スクエア・ガーデンのスターなんだろ？　俺は前座だよ。前座にも勝てねえのか、オラッ！」ってやってたらさ、あっちから長州力とマサ斎藤さんが乱入してきて俺を殴るわけだけど、ペチペチって全然痛くねえんだ。それで組みついてきたと思ったら、長州が小声で「藤原さん、死んでください」って言うんだよ。それで無効試合かなんかになったんだよ。

――形としては維新軍が藤原喜明を袋叩きだけど、実際は藤原さんをなだめて仲裁に入っただけだったと（笑）。

前田　昔の新日本ってそういう面白い試合がいっぱいあったんだよ。藤原さんがやった試合で俺の中で印象深いのは、小沢さんとのその試合。あと、印象に残っているのは大城さんがやるローキック。試合後半でドスンドスンとやりだしたら、やられた相手がなんともいえない顔をしててね。あの蹴りは、とんでもなくカタくて痛いんだろうなと思いながら見てましたよ。

藤原　いろいろあったな。楽しかったよ。いい人生だったよ。

――大城さんはなんで早くに辞めちゃったんですか？

前田　なんで辞めたんですかね？

藤原　「こんなのやってられねえ！」って言って辞めたんだよ。

前田　あっ、そうなんですか？

藤原　自分では強いと思ってたんだろ。

前田　大城さんは力が強かったですよね。

藤原　兄貴がパワーリフティングのチャンピオンだったな。当時、道場でよく相撲大会をやってたんだよ。いつも同じ練習だと飽きるからってことでね。そしたらある時、大城が「一番やるか」って来たんだよ。それで二番やって二番とも俺が勝ったな。俺がボーンとぶん投げたら、あっちが「おっかし〜な〜」って言ってて、「お前が弱いだけの話だろ。バカヤロー！」って（笑）。

前田　藤原さん、相撲強かったですもんね。

藤原　相撲は力だけじゃないからな。力学の問題で、あとはバランス感覚や体幹なんかも必要だから。でも、大城は面白い人だったよ。ある時、練習後に冷蔵庫で冷やしておいた水を飲もうとして、ひっくり返して置いてあったコップの底に向けて水を注いでドボドボこぼしながら、コップをひっくり返して見て「あれ？　このコップ、底がない」とか言ってるんだから。

前田　大城さんは、そういう逸話がたくさんありますよね。大城さんが小鉄さんの付き人をやってる時、小鉄さんは東スポを毎朝チェックするのが日課だったんだよね。そしたらある日、大城さんが「山本さん、大変です！　明日から東スポが値上がりします。今のうちに買い占めましょう！」って言い出して（笑）。

藤原　同じ日の東スポを買い占めてどうするんだよ（笑）。あの時代の沖縄の人だからか、ちょっとのんびりしてて抜けたところがあったんだよな。ある時、飛行機が2機飛んでたんだよ。それを見た大城さんが「あっ、飛行機が2台飛んでる」って言うから、俺が「1台、2台ってのはクルマの数え方で、飛行機は空を飛ぶから1羽、2羽って数えるんですよ」って言ったら、「あっ、飛行機が2羽飛んでる」って、ホントに言ってたからな（笑）。

——悪い人ですねえ（笑）。

藤原　45年も前の話だよ（笑）。

前田　今頃くしゃみしてますよ（笑）。

道場破りをグチャグチャにして小遣い30万円

——前田さんが若手の頃は、道場破りも含めて新日本に勝負を挑んでくるような人がまだいた時代ですよね。

前田　猪木さんが「プロレスはキング・オブ・スポーツ。格闘技のなかでいちばん強い」ってことを公言しちゃってたから、興味半分のヤツも含めて変なのがいろいろ来ちゃうんだよ。で、道場に直接来るヤツもいるし、事務所に電話がかかってくると「道場に行ってください」って会社が勝手に言うしね。

――「あちらへどうぞ」と（笑）。面倒なのが来たら、道場に丸投げだったんですね。

藤原　だから俺なんかはずいぶんやったよ。

――藤原さんがそういう役目だったわけですか。

藤原　いや、そんなの俺だって嫌だよ。カネにもならないし、わけのわからないヤツを相手にしたくねえもん。でも、いざそういうのが来ると、みんな「腹が痛い」とか「ヒザをケガしてるから」とか言ってその場からいなくなるから、俺がやるしかないっていうだけでね。そうなったのは俺が新日本に入って3年くらいの頃からだよ。

――入門3年で自然とそういう位置に立たされてしまった、と。

藤原　で、ある時俺が、道場破りのヤツをグチャグチャにやったら、「よくやった」って小鉄さんが30万円くれたことがあったな。「えっ、こんなにもらっていいんですか？」って。普段はそんなのもらえないからさ。まあ、会社のカネだろうけどね（笑）。

前田　俺が新日本に入門するきっかけも、道場破りみたいなのが関わってるんだよ。当時、大塚剛っていう名古屋の空手家がやってるプロ空手がＴＢＳで全国放送されていて、そこの選手が新日本に「スパーリングをやらせてくれ」って来たんで、小鉄さんが藤原さんと佐山さんに「お前ら、どっちかが相手しろ」っていう話をしたんだよね。

――その〝スパーリング〟が事実上の道場破りだったわけですね。

前田　それで佐山さんが「空手家とどう闘おうか」と考えてる時、大阪巡業中に公園で空手の稽古をしていた田中正悟とたまたま出会ったんだよね。それが俺と新日本の接点だから。

――なるほど。

前田　でも結局、猪木さんの付き人で佐山さんはどっかに行ってる時、そのプロ空手のヤツが道場に来たから藤原さんが相手したんだよ。

藤原　もともとスパーリングって話だったから、そんなグチャグチャにやるつもりはなかったんだよ。でも、途中で「ブレイク」って言われて離れた瞬間、ハイキックをバカーンと入れてきたんで俺はもう頭に来てさ、「テメー、この野郎！　ぶち殺してやる！」って、ババババババッとやって終わらせたんだよ。あの時いいハイキックもらったけど、俺は倒れなかったよ。

前田　最後は蹴り足をつかんで、立ったままバキバキバキッて極めて終わりだったんですよね。俺は入門直後からそういう話を聞いていたから、「どうやったのかな？」と思って自分なりに研究して、それをリングス時代にディック・フライにやったんだよ（笑）。

――あのスタンド状態で、足首をバキッと折る危ない技は藤原さんが元祖だったんですね（笑）。

藤原　蹴り足を脇でキャッチするのは、ムエタイにもある技術だからね。東京北星ジムでもよく練習したよ。

前田　あと佐山さんが凱旋帰国した時にタイガーマスクで有名になって、「タイガーマスクにチャレンジ」みたいな企画があって、その時、俺らが相手したんだよ。

――『少年サンデー』かなんかの企画ですよね。

藤原　そこそこ人数がいたよな。それで俺が最初に行ったんだよな。一応、柔道や空手をやってるヤツが集まったってことなんだけど、パッと見たらみんなちっこいんだよ。本気でやって大ケガさせるわけにもいかないけど、手加減しすぎると「プロレスラーはたいしたことなかった」とか言い出すヤツがいるだろうから、倒したあと肋骨にカカトをバカーンと入れてな。肋骨にヒビが入ってもそんな大ケガじゃないけど、2カ月くらい息をするだけで痛いから、怖さを植えつけるのにちょうどいいんだよ。そういうのを3人くらい相手したかな。その次、お前がやったのか?

前田　俺も3人くらいやりましたね。

藤原　ムチャな企画だよ。どうせ「死んでもいっさい責任は負いません」みたいなことが書かれた紙にサインさせただけでやってるんだから。今なら大問題だろうな(笑)。

〝不測の事態〟に備えて腕を磨き続けた藤原と前田

——道場破りだけじゃなく、新日本に入門してくる人でも「俺は〇〇高校で番長を張ってきたんで、新日本も俺が番張らせてもらいます」みたいな感じで来る不良がいたらしいですね?

前田　そういうのはいっぱいいたよ。

——前田さんが寮長時代に入ってきた、「高崎の番長」っていうのがいるんですよね?

前田　ああ、あいつね。「俺は（群馬県）高崎でケンカ・ナンバーワンで、子分が500人いる。レスラーがどれくらい強いかやらせてくれ」って言うから、俺が相手してボコボコにしてやったんだよ。

――「こんな強いパンチ、初めて食らったぜ」とか言ってたらしいですね（笑）。

藤原　マンガの読みすぎだよ（笑）。

前田　結局、すぐに道場から逃げ出して行方不明になったから。そういうヤツ、何人もいたよ。

――「ジ・アウトサイダー」や「ブレイキングダウン」がない時代だから、新日本道場に来ちゃうという（笑）。

藤原　地方興行に行った時、「昔、新日本の新弟子でした」っていうヤツが会場に来て、話しかけられたことがあるよ。「昔の道場はすごかったですよね。藤原さんにグチャグチャにされました」とか言うんだけど、俺はいちいち辞めた新弟子のことなんか覚えてないんだよ。でもあっちは新日本の道場にいた数日間だか数週間が、ずっと記憶に残ってるんだろうな。

――そうでしょうね。「昔、新日本プロレスにいたことがあるんだ！」って、ずっと言ってるかもしれないですね。

藤原　そうだろうな（笑）。で、そいつに言ったんだよ。「俺はお前をイジメてないよな？」って。そしたら「イジメられてたらここに来ませんよ」って言うから、「ああ、よかった」と思ってさ。やっぱり新弟子をイジメちゃダメだよな（笑）。

――ホントの意味での〝かわいがり〟はするけど。

藤原　俺はお前（前田）のこともイジメてないよな？

前田　イジメられてはいないです。でも、寝技でヘトヘトになるまで押さえ込まれて、十字固めで動けない状態にされて、ブーって顔に屁をされてキレたことはありましたけどね（笑）。

藤原　そういうことをされると、みんな異常に強くなるんだよ（笑）。

――怒りのパワーを瞬間的に爆発させて（笑）。

藤原　疲れて寝技で押さえ込まれてるのに動こうとしないヤツがいるとさ、上に乗ったまま指で鼻をほじって、そいつの顔にこすりつけたりね。それで怒ると疲れてても力が出るから、「それだよ！　その感覚を忘れるな！　それでいいんだよ」って言ってな。だから、これはべつにイジメてるわけじゃないんだよ。

――力を引き出してくれてるわけですもんね。

藤原　あと、前田が俺にスパーリングでやられて落ち込んでる時は、「ずいぶん強くなってきたな。あと半年もしたら、俺はお前に殺されるかもな」とか、耳元で囁くわけだよ。そうすると「ホントですか？」って元気を出して、次の日もまた「お願いします！」って来るんだよ。

前田　でも、俺は真面目だったでしょ？

藤原　真面目だよ。真面目で純粋、これはホントだよ。

――前田さんのあと、藤原さんに「スパーリングお願いします！」って来るようになった髙田さんも純粋でしたか?

藤原 アイツはあまり印象にないんだよな。

前田 髙田は俺に「やれ、やれ!」ってずっと言われてて、それで藤原さんのところに行くようになったんですよ。

藤原 そうなんだ。

前田 髙田とか山田(恵一)とか、いろんな人間を俺が藤原さんのほうに行かせたんです。なんでかって言うと、多数派工作のためだったんですよ。シリーズ中の試合前、リングで俺と藤原さんが二人でスパーリングやってると、坂口さんが嫌がるから。「邪魔だから向こうに行ってやれ!」って言われて、体育館のステージ上の板の上でやったりしてたから。

藤原 そしたらそれを(アブドーラ・ザ・)ブッチャーが見ててな。「お前ら頑張ってるな」って、小遣いくれたんだよ。なんで坂口さんに煙たがられて、全日本プロレスから来た外国人に応援されてるのかわからないけど(笑)。

前田 昔は外国人も意気に感じてくれるレスラーが多かったですよね。

藤原 昔、レス・ソントンっていうレスラーがいただろ?

――タイガーマスクとも対戦した元NWA世界ジュニアヘビー級王者ですよね。

藤原 レス・ソントンは黒人が嫌いなんだよ。それで俺とシングルマッチが組まれた時、ブッチャーとバッドニュース・アレンが俺に小遣いをくれてね。「ゴー! ゴー!」って言うから、「オッケー！」って言って、寝技でガーッとやってね。10分くらいしたら、俺が「ああ、まいったー」ってあっさり逆転負けして控室に戻ってきたらさ、ブッチャーがすごい喜んでくれたりね（笑）。

前田　新日本もその時代はいろいろ面白かったですよね。俺がアンドレ・ザ・ジャイアントとやった時（86年4月29日、津市体育館）にはさ、あの翌日から外国人と試合をすると、俺は合気道の名人みたいになったんだよ。こっちは何もしてないのに、向こうが勝手に飛んでいくから（笑）。

――蹴りが当たる前に倒れちゃったり（笑）。

前田　で、その何日かあとに藤原さんとアンドレのシングルが組まれてさ。その時、俺がセコンドについたんだよ。もしも変なことをしてきたら俺が入ってやろうと構えてたんだけど、いざゴングが鳴ったら、あのアンドレが藤原さんを相手に大セールですよ。

藤原　俺は前田とアンドレがやった時、リング下から「ヒザを正面から蹴れ！」って言ったからな。また同じことをされたら、たまったもんじゃないと思ったんだろうな（笑）。

前田　俺は何か起こるんじゃないかと構えてたのに、拍子抜けしたよ。

藤原　昔の新日本はそういうことがあるから、普段から腕を磨いておかなきゃいけなかったってことだよ。

第二章
真説・第一次UWF崩壊

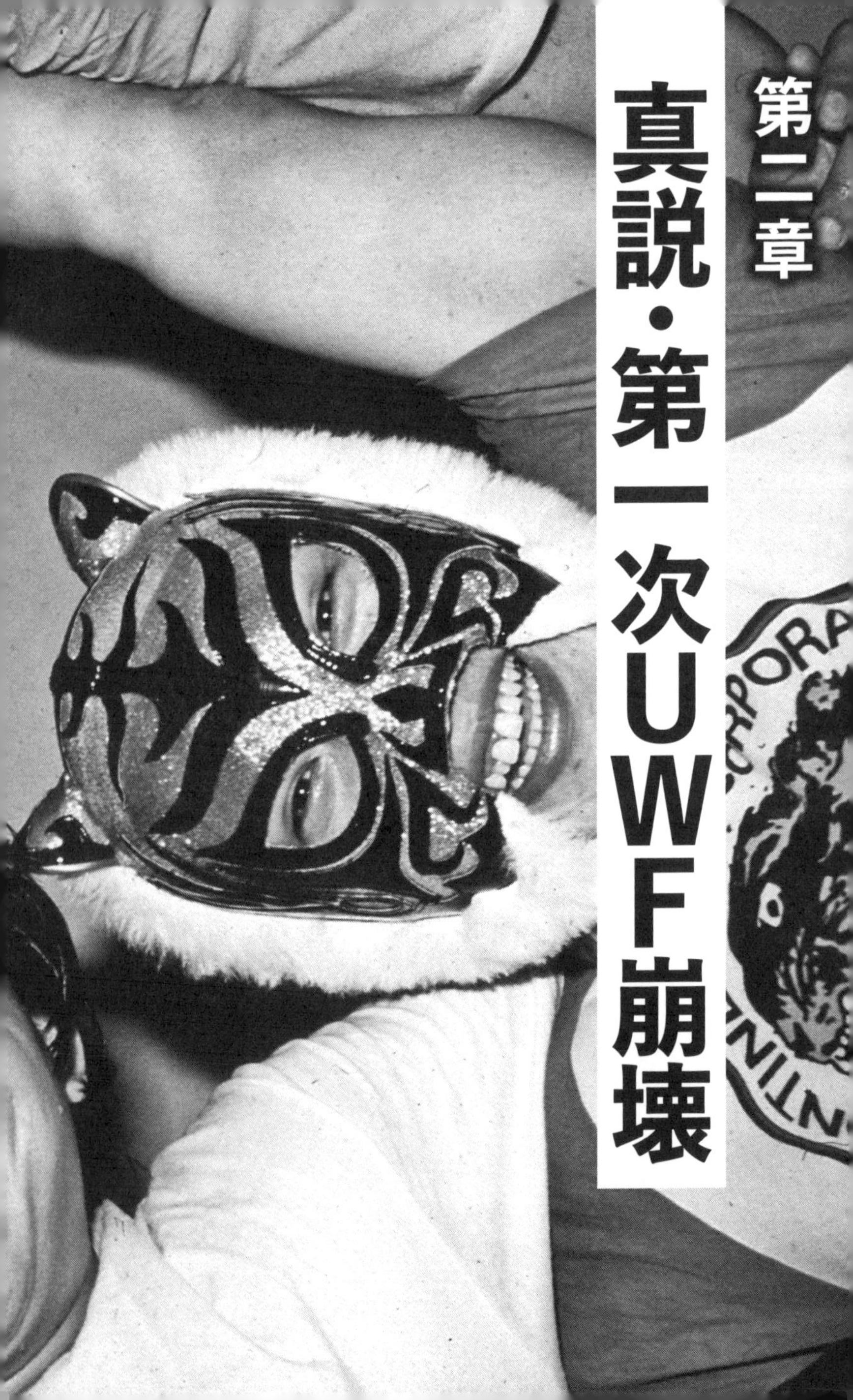

新日本プロレスの〝女神〟倍賞美津子

――前田さんは付き人時代、猪木さんの自宅には何度も行かれたんですか？

前田　猪木さんは代官山のマンションの5階に住んでたんだけど、俺は付き人時代に何回かマッサージしに行ったくらいだね。

――当時の猪木さんの奥様の倍賞美津子さんの印象は？

前田　もうドキドキですよ。こんな大きなおっぱいをしてて、薄いTシャツをノーブラで着てるんだよ。社長の奥さんの前でチンコが勃ったらヤバいよなと思ってた（笑）。

藤原　おい、載せられねえことを言うなよ（笑）。でも、美津子さん自身はあっけらかんとしてたんだよな。

前田　あの頃はもう無意味に勃つ年代だから、抑えるのが大変でしたよ。

――後藤達俊さんは、美津子さんに「マッサージして」って言われて、やっているうちにどんどん勃っちゃって、猪木さんに見つからないようにするのが大変だったって言ってました（笑）。

前田　そりゃそうでしょ。美津子さんにマッサージやれって言われたら、10時間でも20時間でもやるよ（笑）。

――新日本の若い選手たちにとっては憧れの存在という感じですかね。

藤原　猪木さんが神様なら、美津子さんは女神様だな。俺たちにも優しくてな。

前田　猪木さんは昼間練習に来れない時は、道場に夕方来たりするんだけど。その時、美津子さんとお姉さんの千恵子さんと3人で来たりとかもしてたんだよ。

——千恵子さんもですか。『男はつらいよ』のさくらが新日本道場にいるって、すごいですね（笑）。

前田　美津子さんや千恵子さんが猪木さんについてきて、道場で軽い運動みたいなことをしてたんだよね。で、その時もノーブラなんだよ。

藤原　コイツは乳フェチだもん（笑）。

前田　まいっちゃうよ。あの頃の倍賞美津子さんはメッチャきれいだったよ。

——日本の女優さんというより、ハリウッド女優みたいでしたよね。

藤原　すごくきれいなスペイン系の女性みたいな感じだったよな。

前田　ホントに、こんなきれいな人は見たことないって思ったよ。ウエストが細くてお尻がボーンとあってさ。脚もきれいでさ。

藤原　お前、どこ観察してるんだよ（笑）。

——藤原さんは美津子さんに対して何か思い出はありますか？

藤原　俺は最初、小鉄さんの鞄持ち（付き人）をしてたんだよ。2年くらいやったあと、小鉄さんに「今日から猪木さんに付け」って言われて猪木さんについて行ったら、練馬にある美津子さんの実家に連れて行かれてな。家族が集まってガレージですき焼きをやってたんだよ。俺は猪木さんに付いたばかりで、いきなり家族の中に入れられて緊張して座ってたら、千恵子さんが隣に座ってな。「藤原さん、よそってあげるね。はい、どうぞ」なんて言われて、あれは今でも鮮明に覚えてるよ。優しい方だなと思ってな。俺は25歳だったから、もう50年前の話だよ。

前田　それこそあの頃の藤原さんならチンコが勃ちまくりでしょ？

藤原　バカヤロー、そんな不謹慎なことするわけねえだろ（笑）。

前田　いや、あの頃って意味もなく勃つじゃないですか。

藤原　俺は自在に制御することができたから。

前田　ホントですか？（笑）。

藤原　「今日は勃っちゃダメだよ」「はーい」って、しつけをちゃんとしてたからな（笑）。でもな、実際に勃たない方法があるんだよ。

前田　どうやるんですか？

藤原　チンポの皮を引っ張ってさ、ギュッと結ぶんだよ。そうすると勃たないんだよ。

――そんなわけないじゃないですか（笑）。

藤原　これ、読者への有益な情報として書いておいて（笑）。

――でも、あれだけトレーニングして、たくさん食べてたら男性ホルモン出まくりだろうなと思います。

藤原　俺なんかひと晩で12回目をヤろうとしたら、女が怒ったからね。「私、そんなスケベじゃないわ！」ってさ。「いや、11回だと半端だから1ダースを……」って言い訳したんだけど（笑）。

前田　俺も9回ヤって、10回目をヤろうと思ったら、泣きながら「もうお願いだからやめて。痛いの」って言われたことがありますよ（笑）。

――当時のプロレスラーは女性に困ることはなかったんじゃないですか。全国でテレビ放送されてて、今と比べてはるかにメジャーでしたもんね。

前田　だから、あの頃はみんな日本全国に10人、20人は彼女がいたよ。トップのレスラーじゃなくてもみんなそう。

藤原　トップの人にもいたよ、秘密だけど。だからそういう時は猪木さんだけホテルが違うんだよ。たとえば札幌だと、パークホテルだっけ？

前田　いたんですか？

藤原　昔はこっちが口説かなくても、プロレスラーっていうだけで向こうから寄ってきたからな。猪木さんなんかは目立つから、大っぴらにはできないけど。猪木さんと旅館に泊まってる時、マッサージの女性が部屋に来たんだけど、なんか様子がおかしいんだよ。だから「僕、ちょっと洗濯に行ってまーす」って部屋から出てさ、2時間くらいして戻ったら猪木さんが、「あのマッサージの女がよ、いきなり俺のチンコをくわえるんだよ」って言ってたから。これは書いてもいいよ（笑）。

――やっぱり、プロレスラーにお手合わせをお願いしたいっていう女性も、たくさんいたんでしょうね。

藤原　巡業中、ホテルの各部屋を回ってる女がいたからね。俺たちのなかでのニックネームで「たぬき」って呼ばれててね。どうも長州力の匂いがするなと思ったら、長州のツレだって言われて（笑）。

前田　●●さんは体臭キツいんだよ（笑）。

藤原　お前、そんなこと言っちゃダメだろ（笑）。でも、俺なんかも気にしていつもオーデコロン塗ってたもんな。

――プロレスは肌と肌が触れ合うから、エチケットとして香水つけてるレスラーが多いんですよね。

前田　だから当時の先輩レスラーがつけてたオーデコロンがあるじゃん。山本さんがオールドスパイスで、坂口さんがアラミスつけてて、猪木さんがブランバン。その匂いを嗅ぐと当時のことを思い出すんだよ。

――嗅覚は記憶を呼び起こすっていいますもんね。

藤原　俺は小鉄さんの鞄持ちだったたろ。地方に行ってオーデコロンが切れると「ちょっと買ってこい」って言われるんだよ。しょうがないからいろんな店を回るんだけど、田舎にオールドスパイスなんてシャレたもん売ってねえんだよ。

前田　小鉄さんはもうジャブジャブ使ってましたよね。

藤原　おかげで、すぐなくなるんだよな。

――ちなみに、当時の新日本で女性関係がいちばん派手だったのはどなたですか？

前田　誰かな……？

藤原　K・邦昭（キッパリ）。

前田　あー、そうだ。小林さんですよね（笑）。小林さんが寮長の時には道場に彼女を住まわせてましたもんね。

――女人禁制の寮で同棲してましたか（笑）。

藤原　あの時代はメチャクチャだよ（笑）。

――藤原さんが以前話してくれた「ああ、奥さん」事件の時、前田さんもいたんですか？

前田　えっ？「ああ、奥さん」事件って何？

藤原　ああ、前田はいなかったか。ヨーロッパに行ってる時かな。昔、巡業先の旅館で俺と荒川さんが部屋にいたら、佐山が「大変です！　大変です！」って俺たちを呼びに来て、「●●さんが女の人と屋上に行きました！」って報告に来たんだよ。まあ、名前は言えないけど、マ●斎藤さんな（笑）。

――言ってます（笑）。

藤原　それで俺と荒川さんと佐山の3人で屋上の様子をのぞきに行ってな。そしたら●サ斎藤さんが目の前にしゃがんだ女の人に何かをしてもらいながら、「ああ、奥さん！　ああ、奥さん！　ああ……」って言ってるのを、俺たちは笑いをこらえながら見てたっていう。それが「ああ、奥さん」事件（笑）。前田は知らねえか。

前田　それは知らないです（笑）。

藤原　そっか。あれは面白かったぞ。佐山から「藤原さん！　メガネかかりました（のぞきができますの意）」って報告が来たから、急いで向かってな。屋上の下の階の手すりに掴まりながら、ぐ〜っと懸垂しながら屋上の様子をのぞいたんだよ。落ちたら死ぬような場所で命懸けでな。そしたら「ああ、奥さん……」って聞こえてきて（笑）。

前田　それがマサ斎藤さんだったんですか？

藤原　ハッキリ名前を言うなよ。マ●斎藤さんだからな（笑）。でもって翌日の朝メシの時、誰からともなく「ああ、奥さん……」ってつぶやき出すヤツがいて、●サさんが怪訝そうな顔をしたら、また別のヤツが「ああ、奥さん……」って言って、さらに別のヤツが「ああ、奥さん……」って言って、途中でみんなが吹き出したら、マ●斎藤さんが「なんだ、お前ら見てたのか！」って。

前田　それは笑えますね（笑）。あの頃の巡業は、毎日が修学旅行みたいで楽しかったですよね。

タイガーマスクを嫌々やってたのはウソ

前田が新日本に入門した1年後の78年に佐山聡が海外遠征に出発。まずメキシコに行き、カール・ゴッチのいるフロリダを経由し、イギリスで「サミー・リー」のリングネームで大活躍したあと、81年4月にタイガーマスクとして帰国。ここから新日本は、本格的な大ブームを巻き起こしていく。

――佐山さんがタイガーマスクとして凱旋帰国したのを機に、新日本は大ブームを巻き起こしましたけど、前田さんは当時タイガーマスクを見てどう思いましたか？

前田　佐山さんは昔からアクロバティックな動きをしていたんだよ。だから「ああ、こういう試合をやりたかったのか。だからメキシコにも行ったのか」と思ったね。でも、メキシカンスタイルと新日本のスタイルって両極端だから、どう交わっていくのかなと思ったけど、あれはダイナマイト・キッドがいたからよかったんだろうね。佐山さんはイギリスにも行ってたから。

藤原　俺はタイガーマスクなんて、誰がやろうが興味がなかったんだよ。デビュー戦は蔵前（国技館）だったよな。俺が通路に立ってたら後ろからケツをポンポンと叩かれたんで、パッと振り返ったら佐山がチンケなマスクを被って立ってるんだよ。「お前、何してんだよ」って言ったら、

UWF

1984年4月17日、蔵前国技館で
行われた第一次UWF「オープニ
ング・シリーズ」最終戦の入場式

「帰ってきました。エヘヘヘ〜」って言って。そこで初めて佐山が帰ってきたことも、タイガーマスクになることも知ったんだよ。

前田　最初はひどいマスクでしたよね。なんか無理やりつくって色を塗っただけ、みたいな。

藤原　急に帰ってきて間に合わなかったらしいな。

前田　帰国したあと佐山さんは住む家もなかったから、タイガーマスクになってからもしばらくは寮の俺の部屋に寝泊まりしてたんですよ。その時、佐山さんは「俺みたいにちっちゃいのが、これからレスラーとしてどうなっていくのかと思ってたけど、こういうチャンスをもらえてすごくうれしいんだ」って言ってたんだよね。

——タイガーマスクを「やらされていた」のではなく、「チャンスをもらった」という感覚だった、と。

前田　だからタイガーマスクは嫌々やってたとかって言われてるけど、あんなのウソだよ。

——新技も次々と開発して素晴らしい試合を連発してましたよね。

前田　佐山さんがタイガーマスクで売れ出してから、日本人なのか外国人なのかもわからないってことになってたから、佐山さんが歌番組に出された時、英語でエルビス・プレスリーの歌を唄ったりしてたんだよね。あれも道場で練習してたんだから（笑）。

——新日本の会場でもスペイン語でしゃべったりしてましたもんね。

前田　だから新日本を辞める前ぐらいはともかく、途中までは本人も一生懸命タイガーマスクをやってましたよ。

――タイガーマスク人気でプロレスブームが爆発していた時代でもレスラーのギャラが上がらず、不満がふくらんでいったというのは本当なんですか？

藤原　他人のギャランティーは知らないけど、俺自身はべつに上がりはしなかったな。

前田　覚えてるのは、俺がヨーロッパから日本に帰ってきた時、山本さんと坂口さんの間で、俺のギャラを1試合1万5000円にするかどうかで揉めてたって話を聞いたこと。1万5000円で揉めんなよって思うけど（笑）。

――前田さんが凱旋帰国した83年4月って、まさにブームの絶頂期でしたけど、その時でもまだそれくらいだったんですね。

前田　だって俺がデビューした時に1試合6000円だよ。

――それって疑心暗鬼にはならないんですか？「こんなにお客が入ってるのにギャラが上がらないのは、営業がもらってるんじゃないか？」とか。

前田　営業は抜きまくってたよ。俺が若手の頃、猪木さんはグッチに自分専用の足形があって、そのグッチのブーツのおさがりを猪木さんと藤原さんから1足ずつもらったんだよ。藤原さんからもらったのは、猪木さんのおさがりのおさがりでね。そのブーツを履いてたら、知ってる人が見ると「おっ、なんでこんなにいいブーツ履いてるの？　グッチじゃないの」とか言われるじゃん。「いや、猪木さんと藤原さんからもらったんです」って言うと、「すごいなー」って言われてたんだけど、自分ではブランドなんてわからなかった。でも、のちのち考えてみると、営業の大塚（直樹＝のちのジャパンプロレス社長）とか加藤（一良＝のちのジャパンプロレス専務）は、ルイ・ヴィトンのアタッシュケース使ってたからね。

藤原 それでごっつい金のブレスレットをつけてな。家には外車があって、会社に来る時はボロボロの車に乗ってくるという。

前田 それで都内に家を建ててさ。いったいいくら抜いてたのって。

――新日本の社員だったのが、維新軍を引き抜いてジャパンプロレスつくっちゃうわけですもんね。

藤原 だから大塚様が会社をつくるとかで、「いや、俺は4000万円を出した」とか平気で言ってるわけ。「お前ら、いくらもらってたんだい？」って。俺らは食うのにも必死なのに。

前田 ホントですよね。

テレ朝・フジの2局放送のためにつくられたUWF

80年代前半のプロレスブームの真っ只中、テレビの視聴率は平均20％を超え、観客動員も全国の会場で大入り満員続き。しかしながら選手のファイトマネーや社員の給料は上がらなかったことで、新日本の売り上げの大半が猪木の個人的事業アントン・ハイセルに横流しされているという噂が急激に広まり、新日本内は疑心暗鬼が渦巻くようになった。

83年8月10日にはそのゴタゴタのなか、タイガーマスクこと佐山聡が内容証明付き郵便で新日本へ契約解除通告書を送付。人気絶頂のまま、突然、引退（新日本退団）状態となった。さらに同年8月25日には新日本の緊急役員会が開かれると、猪木の社長解任、新間寿営業本部長の3カ月の謹慎という名目で事実上の新日本追放が決議され、翌26日「ブラディファイト・シリーズ」開幕戦の大宮スケートセンターで、山本小鉄を中心としたメンバーがあらためて猪木へ直接退陣を要求した（坂口副社長は退任）。いわゆるクーデター事件が起こったのである。

これによって8月29日から新日本は、テレビ朝日からの出向役員だった望月和治と大塚博美、そして山本小鉄の3人によるトロイカ代表取締役体制が発足。ところがこの3カ月後、テレビ朝日専務の三浦甲子二《きねじ》が新日本のクーデター騒ぎに怒り、「猪木がいなくなるなら、テレビ朝日は放送を打ち切る」と宣言。これを受け、11月11日に新日本の臨時株主総会が開かれ、猪木と坂口がそれぞれ社長、副社長に復帰。クーデターは未遂に終わった。

しかし、この騒動は新日本内部にわだかまりを残し、新日本に戻れなかった新間寿を中心に、新団体「ユニバーサル・プロレスリング（第一次ＵＷＦ）」旗揚げ構想へとつながっていく。

――第一次ＵＷＦができる前から新日本は内部がゴタゴタしていましたけど、前田さんとしては何が起こっているのかわからない状態だったんですか？

前田　全然わかんないよ。俺はイギリスから帰ってきたばかりだったしね。新間さんがどうの、猪木さんがどうのっていうお家騒動もあったけど、俺自身はべつに新間さんにも猪木さんにもなんの恨みもないし、逆に世話になった人だからさ。ユニバーサル（第一次ＵＷＦ）だって、「行け」って言われたから行った、それだけの話ですよ。

――藤原さんもクーデターには全然絡んでないわけですよね？

藤原　俺は絡んでないよ。大宮スケートセンターの時、俺は猪木さんの鞄持ちをやってて「猪木さん、会場入り遅いな」と思ってたんだよ。そしたらすごい不機嫌な顔で来てさ、「お疲れさまです！」って挨拶したら、いきなり「お前もか！」って言われたんだよ。俺はそんなことが起きてたなんて全然知らなかったからさ、「えっ、なんですか？」って聞いたら、「知らばっくれるな！」って怒鳴られてさ。

前田　あの時藤原さんは怒ってましたもんね。俺が藤原さんに「クーデターってどうなってるんですか？　アントン・ハイセルがどうなったんですか？」って聞いたら、「知らねえよ！」って怒鳴られて。

藤原　俺はクーデターがどうのこうのとか、いっさい聞かされてなかったからね。仲間だと思ってた他のレスラーからひと言も聞かされてなくて、猪木さんからは「お前もか！」って疑われて、「あっ、俺はこの会社には必要ない人間なんだな……」って思ったんだよ。

――それがのちにＵＷＦ移籍を決める遠因になったという。

藤原　浦田（昇＝第一次ＵＷＦ社長・当時）さんが俺の家まで来たんで、「私のことが必要ですか？」って聞いたら、「必要じゃなかったらこんなところには来ませんよ」って言われてな。人の家に来ておいて「こんなところ」ってどういうことだよ、と思ったけど（笑）。「俺は新日本で必要とされてないんだから、必要とされるところに行こう」ってね。

前田　あれは俺が浦田さんから「新日本から誰に来てほしい？」って聞かれたんで、「藤原さんに来てほしいです」って言ったから動いてくれたんですけどね。

――それにしてもクーデターの時、なんで前田さんと藤原さんはメンバーから外されてたんですかね？　小鉄さんが中心となった動きだから、前田さんなんか声をかけられてもおかしくないと思うんですけど。

前田　いやー、わかんないね。

藤原　あっちから外してきたんだから、俺に聞いたって知らねえよ。たぶん信用がなかったんじゃないの？

――藤原さんの場合、猪木さんと近い関係だったから、情報漏洩を恐れて外されたのかもしれないですけどね。第一次ＵＷＦという団体をつくるというのは、前田さんは新間さんから聞いたんですか？

前田　俺は新間さんからも猪木さんからも聞いてましたよ。まず新間さんから「ユニバーサルっていう団体をつくって、テレ朝だけじゃなくフジテレビの放映権を取って、２局放送を目指すんだ」っていうことを聞いてね。その後、猪木さんからは、「新聞から聞いてるだろ？　頼むな」って言われたから「わかりました！」って答えただけだよ。

――テレ朝とフジの2局放送のために、あくまで猪木さんの指示で行ったと。

前田　でも、あとあといろんな人に聞いてみたら、新日本自体はテレ朝の独占契約だから、〝新日本プロレス〟のままだと2局放送っていうのはできないんだよね。だから秘密裏にユニバーサルという名前をつけて、俺らが飛び出したという話をつくったんだよ。

――最初から「お前がエースだ」ということも言われたんですか？

前田　それは言われたけど、どうしたらいいかわかんないよね。俺は前座の中堅ぐらいから海外修行に行って、本来は3年の予定で行ったのに1年で戻された。しかも、最初は佐山さんがタイガーマスクになった時と同じで、「何試合かやったらイギリスに帰らせてやるから」って言われてたのに、そこからズルズルと日本に残ることになって、「どうすんのかな」と思ってさ。

――本来はＩＷＧＰにヨーロッパ代表として出場するだけで、まだ海外修行を続ける予定だったんですね。

前田　イギリスは小さい選手ばかりだったんで、もっと大きな選手と闘う経験を積みたいなと思ってたから。プロレスはなんだかんだ言って、一人前になるのに10年かかりますよ。

――藤原さんは第一次ＵＷＦができるっていう話は知らなかったんですか？

藤原　俺は下っ端だからなんにも知らないよ。なんか会社がゴチャゴチャしてるなとは思ったけど、そんなのに興味なかったもんな。俺は練習して試合でお客さんに喜んでもらって、メシがたらふく食えて酒が飲めれば、それ以外必要ねえもんな。

「前田だけ新日本に帰ってこい」という猪木のメッセージ

84年3月2日、前田はこの日から始まる新日本の「ビッグファイト・シリーズ」を無断欠場(ラッシャー木村も同じく欠場)。これはもちろん新団体ユニバーサル・プロレスリングへの移籍の布石であり、3月中旬からアメリカへ飛び、WWF(現・WWE)のツアーに参加。そして現地時間の3月25日、ニューヨークのマジソン・スクエア・ガーデンに初登場し、ピエール・ラフェエルとWWFインターナショナルヘビー級王座決定戦を行いコブラツイストで勝利。中央に「UWF」と大きく刻印された真新しいベルトを腰に巻いた。

――前田さんはUWF旗揚げ前、アメリカのWWFへ2カ月のツアーに行きましたよね。

前田　あれは自分で希望したんですよ。新間さんから「何か希望があったら言え」って言われたんで、「イギリスで大きい選手との試合経験があまりなかったので、アメリカで試合を経験したいです」って言ったら、「じゃあ、WWFにブッキングしてやるよ」ってことで行ったんだよ。

――84年3月25日にはマジソン・スクエア・ガーデンでピエール・ラファイエルという選手に

勝利して、WWFインターナショナルヘビー級王者になりますよね。あれはベルトの真ん中に大きく「UWF」と書いてあって、明らかに前田さんのために用意されたベルトという感がありましたけど、ご本人としてはどんな気持ちでしたか？

前田　俺が小さい頃、チンっていう小さな室内犬が流行ったんだよ。金持ちのおばあちゃんの家とかでよくかわいがられてて、そういう犬は必ず服を着せられてたんだけど、自分がチンになったような気持ちだったよ。

――〝着せられたチャンピオンベルト〟という感じだったんですね。

84年4月11日、埼玉・大宮スケートセンターで新団体ユニバーサル・プロレスリング（第一次UWF）が旗揚げ。所属選手はエースの前田を筆頭に、ラッシャー木村、剛竜馬、グラン浜田の4人。ここに全日本からフリーになったマッハ隼人、新日本から若手の高田伸彦（髙田延彦）が参戦。「オープニング・シリーズ」最終戦の4・17蔵前国技館には、新日本から藤原が〝殴り込み〟。メインイベントで前田と一騎打ちを行い、両者ノックアウトの引き分けに終わった。

――UWFの旗揚げメンバーというのは、直前に聞いたんですか？

前田　いや、あれが全メンバーじゃなくて、猪木さんが来るものだとばっかり思ってたんだよ。新間さんが「猪木さんも試合をするから」って言うから、「あっ、そうなんだ」って。でも、大宮に猪木さんは来なくて、「蔵前には必ず来る」って言われたんだけど、最終戦の蔵前国技館にも結局来なかったんだよね。

――最終戦のメインは、前田さんと藤原さんの一騎打ちでしたね。

藤原　そうだっけか？

前田　そうですよ。

藤原　もう忘れたよ。

前田　あの試合が終わったあと、控室で上井（文彦）とか新日本から来た社員が泣きながら「新間さんを男にするために頑張るぞ！」とか、演説したんだよね。それでユニバーサルが続くことになったんだけどさ、上井の奥さんがすごくできた人で、ユニバーサルの社員の給料が半年ぐらい支払われなかった時、奥さんが貯金をおろして、「これでみんなを食べさせてあげて」って、渡したんだって。それを聞いて俺は感激していたのに、のちにビッグマウス・ラウドの時に「奥さんは元気ですか？」って上井に聞いたら、「いや、別れたよ」ってあっさり言うんだよね。「えっ、なんで？　あんないい奥さんと」って言ったら、大阪に別の若い女ができてたんだよ。

藤原　やだやだ。そんな話、聞きたくねえよ。

――前田さん自身は、UWFオープニング・シリーズが終わったあと新日本に戻るという選択肢はなかったんですか？

前田　オープニング・シリーズが終わったあと、髙田が猪木さんから託された「前田だけ新日本

に帰ってこい」っていうメッセージを伝えられたんだよ。当時、髙田は猪木さんの付き人だったからさ。でも、営業の人たちや若手社員だった神（新二）や鈴木（浩充）たちは新日本に戻れないのに、そいつらを置き去りにして俺だけ戻れないじゃん、そんなの。だから俺はユニバーサルに残ったんだよね。

藤原　前田はクソ真面目だからな。でも、浦田さんが言ってたよ。「いやー、プロレスの営業マンってのはすごいな。ガソリンが50リッターしか入らない車で、100リッター以上の領収書がガンガン送られてくる」って。あとは鈴筆1ダースで何万円とかそんな領収書ばっかりで、「あれはどういう感覚をしてるんだろうな。いやー、驚いた」ってね。前田もそんな連中のために残る必要はなかったんだろうけどな。

前田　まあ、俺がお人好しだったってことですよ。

——前田さんは当時25歳で、ラッシャー木村さん、剛竜馬さん、グラン浜田さんといった先輩揃いのなかで自分がエースというのは、やりづらくはなかったですか？

前田　「どうしたらいいですかね?」って聞いたら、「自由にやったらいいんだよ」ってラッシャーさんが言ってくれたんだよね。それで少しは楽になった。

髙田の〝藤原教室入り〟を決めた「青い珊瑚礁」

当初予定していたフジテレビの放送が頓挫したことにより、オープニング・シリーズだけで解散が噂された第一次ＵＷＦだったが、その後、団体として継続することが決定。84年6月27日、東京・九段のホテルグランドパレスで藤原と髙田の入団記者会見が行われた。さらにその翌日、同所でザ・タイガーこと佐山聡も7月23、24日に後楽園ホールで行われる「ＵＷＦ無限大記念日」への出場を発表。これにより、前田、藤原、佐山、髙田というＵＷＦの根底をなすメンバーが揃うこととなった。

――84年6月に藤原さんと髙田さんが新日本からユニバーサルに移籍します。その時の経緯をあらためてお話しいただけますか。

前田　あの時はまだ髙田との関係がよかったから、浦田さんに「新日本から選手を引き抜こうと思う。誰を呼んでほしい？」って聞かれて、「藤原さんをお願いします。あと、できれば髙田も呼んでほしい」って言ったんだよね。俺がユニバーサル旗揚げのために最初に新日本を出たあと、藤原さんは新日本の道場で、髙田とか山田（恵一）とか、いろんな若手を教えてたんだよ。それで藤原さんがユニバーサルに行くって決めたあと、若手もみんなついてくると思ったんだけど、実際についてきたのは髙田だけで、あとは誰も来なかったんだよね。だからユニバーサルの移籍記者会見の時、藤原さんはいっぱい酒を飲んで、「俺が死んだら髙田に全財産をやる！」とか言ってたんだよ。俺が「えっ、藤原さん、俺は？」って聞いたら、「お前にはやらねえよ！」って（笑）。

藤原 財産なんかなかったけどな（笑）。

——その時、藤原さん、前田さん、髙田さんの3人が、元祖「藤原組」と呼ばれたんですよね。

前田 でもね、髙田って、あれはどうしようもなかったんだよ。

——そうなんですか？（笑）。

前田 入門3日目で女の家に泊まって、寮長だった俺に1回シバかれてるしさ。それで道場では仲野信市と二人で「青い珊瑚礁」のレコードかけて唄いながら「聖子ちゃーん！」って踊ってるしさ（笑）。それで先輩たちから「なんだアイツは！　前田、お前が寮長なんだからなんとかしろ！」って言われて、「髙田、ちょっと来い！　一緒にスパーリングをしよう」って引き入れたのが最初だったんだよ。

——髙田さんが、前田さんや藤原さんとスパーリングをやり始めたのは、それがきっかけですか（笑）。

前田 アイツとはいろいろあるよ。ある日突然、新日本を辞めて相撲部屋に行っちゃって、それを新日本に引き戻したのも俺だよ。

――先輩に相撲部屋に連れて行かれたんですよね？

前田　そう。北沢さんに片男波部屋に連れて行かれてそのまま残されてさ。みんな、なんで髙田がいなくなったのかわからなかったんだけど、俺が居場所を突き止めて、「お前、それでいいのか？　戻って来いよ」って説得したんだよ。

――前田さん、メチャクチャ面倒見がいいですね（笑）。

前田　ホントだよ。こんなふうになるなら、そのまま相撲部屋に置いてくればよかったよ。

――藤原さんは、若手時代の髙田さんの印象はいかがですか？

藤原　そんなの覚えてねえよ。スパーリングはやってたけどな。

前田　あの頃、藤原さんが俺に言ったんですよ。「髙田をなんとかしろ。お前、寮長なんだろ」って。

藤原　お前、人のせいにすんなよ（笑）。

前田　それで俺がスパーリングやったらキュンとなったから、今が仕込み時だなと思って藤原さんにつけて。それで俺がイギリスに行ってる間は藤原さんがずっと髙田とやってたから。

藤原　じゃあ、俺の教育が悪かったみてえじゃねえか（笑）。

前田　あの頃の髙田は仲野とつるんで、二人でアホなことばっかりやってたから。

藤原　俺は面倒くさいの嫌いだから、練習以外のそんなのは関わらねえよ。

――第1回ＩＷＧＰ決勝の猪木vsハルク・ホーガン（83年6月2日、蔵前国技館）のあと、髙田さんと仲野さんは六本木で暴れて警察沙汰になったんですよね。

前田 そんなこともあったな。髙田と仲野が酔っ払って一般のヤツを殴っちゃって。

――殴られたほうも、相手がプロレスラーだとわかってから強気に出て、訴える訴えないで大事になりそうだったんですよね。

藤原 でも、俺らは試合会場では一般人をずいぶんやったよ（笑）。

前田 俺らの頃は、会場で汚い野次を飛ばしたヤツを片っ端からつまみ出してましたよね。だいたいそういうのはチンピラかヤクザで、あとで俺らの宿泊先に乗り込んでくるんだよ。そしたらヤクザの目の前で、小鉄さんや藤原さんが俺ら若手を思いっきり殴って蹴ってボコボコにする。そうすると素人はビックリして、「そこまでしなくていいよ。若いんだからしょうがないよ」って言ってくるから、「すみませんでした。ちゃんと言い聞かせますんで」って。そういうひと芝居をやって終わりだよ（笑）。

藤原 ヤクザと揉めた時の対処法とか、そんなことしゃべるなよ（笑）。

――当時は猪木さんから「汚い野次を飛ばしたヤツは全員つまみ出せ！」って指令が出てたんですか？

前田 猪木さんがムカッとした顔をしていると、藤原さんが「行け！」って目で合図するんだよ。

藤原 お前、俺のせいにするなよ（笑）。

前田 だってそうじゃないですか（笑）。

藤原 そうか？

前田 まず、猪木さんが不機嫌そうな顔で藤原さんを見て、そうすると今度は藤原さんが俺のほうを見て合図するんですよ。俺も真面目だから、言われたとおりやってさ。

――指揮系統がしっかりしてますね（笑）。

藤原 あとは試合中に若いヤツがしょっぱい試合をやってると、俺に竹刀を渡して、「おい、行ってこい！」って言うんだよ。仕方ねえから、俺がリングに上がって竹刀でぶっ叩いてさ。お客は「何が起こったんだ？」って、ぽかーんだよ。

前田 竹刀だったらまだいいよ。硬いラワンでできたプッシュアップの棒を藤原さんが持ってリングに上がってきて、ボコボコにされたことがあるよ。それでシバかれるだけじゃなく、メインイベントが終わるまで2時間ずっとスクワットだよ。だから俺がリングスで坂田（亘）をシバいたのなんてかわいいもんだよ。顔なんか一発も殴ってないもん。

――昭和の新日本なら、あの程度は当たり前ですか（笑）。前田さんの場合、WOWOWが撮った映像がたまたま残っていたというだけで。

前田 いや、あれはね、クエスト（ビデオ制作会社）の木暮（祐二）社長が面白がって撮ってたんだよ。それで「木暮さん、出したらダメですよ」って言ったのに電通のヤツに見せたら、そいつが「ちょっと貸してくれ」って言って、そこからバーッと広まっちゃってさ。

――そういうルートで流出して裏ビデオ化した、と（笑）。

前田　似たような話はいっぱいあるよ。学生プロレスの選手と新日本の若手選手がやったらどうなるっていうテレ朝の企画があってさ。やる前に小鉄さんと藤原さんが、「お前、わかってるだろうな」って言うから、「わかりました」って言って、もうグチャグチャだよ（笑）。

藤原　なんか俺が悪者になってないか？（笑）。

前田　いや、その時に藤原さんがやったら、もっとひどいことになると思ったから俺が行ったんですよ。だから、今新日本のメインイベンターとかそこそこのポジションでやってるヤツらが、学生プロレス出身だって聞くと信じられないよね。あの時の俺らはなんだったのって。

藤原　基本をしっかりやってれば、入門前に何をやってようがどうでもいいんだよ。上っ面ばっかりやってもしょうがないだろう。

前田　プロレスごっこですよね。

藤原　基本がしっかりしていれば見ててわかるわけ。「ああ、こいつはなかなか強いな」っていうのはね。だけど、始めから最後までカッコいいことばっかりやったり、飛んだり跳ねたりして、それが闘ってることになるのかい？　だいたいケンカする時、飛んだり跳ねたりしないだろ。あれじゃ闘いでもなんでもねえよ。

——昔は若手にその〝闘い〟を仕込んでたのが、藤原さんなわけですよね。

藤原　だって猪木さんの命令だもん。「プロレスは闘いである」っていうことは絶対だったからな。

前田 それが当たり前だと思ってましたよね。プロレスってそういうもんなんだって。今とは全然違うよ。

UWFスタイルをつくったのは佐山ではなく藤原

――藤原さんと髙田さんが第一次UWFに来たのと時を同じくして佐山さんも第一次UWFに加わりますが、こちらはどういった経緯があったんですか？

前田 俺がユニバーサルに行くために新日本を辞めた時、たまたま二子玉川の髙島屋にあった紀伊國屋書店で佐山さんと再会したんだよね。それで俺の部屋に来てもらっていろいろ話をしたんだけど、その時、佐山さんは俺をシューティングに引っ張ろうとしたんだよ。

――一緒にまずはタイガージムでやっていこう、と。

前田 でも、俺は「食えないでしょ」ってハッキリ言ったんだよ。俺は母親の入院代とかを稼がなきゃいけなかったから。それでユニバーサルに行ったあと、浦田さんから「何かいいアイデアはないかね？」って聞かれたから、「佐山さんとかが来たらいいなと思いますけどね」って言ったら、浦田さんが動いたんだよね。

――なるほど。そして第一次UWFの再出発として「UWF無限大記念日」（84年7月23、24日、後楽園ホール）が行われ、初日のメインイベント、藤原&前田vsザ・タイガー&髙田伸彦で、初

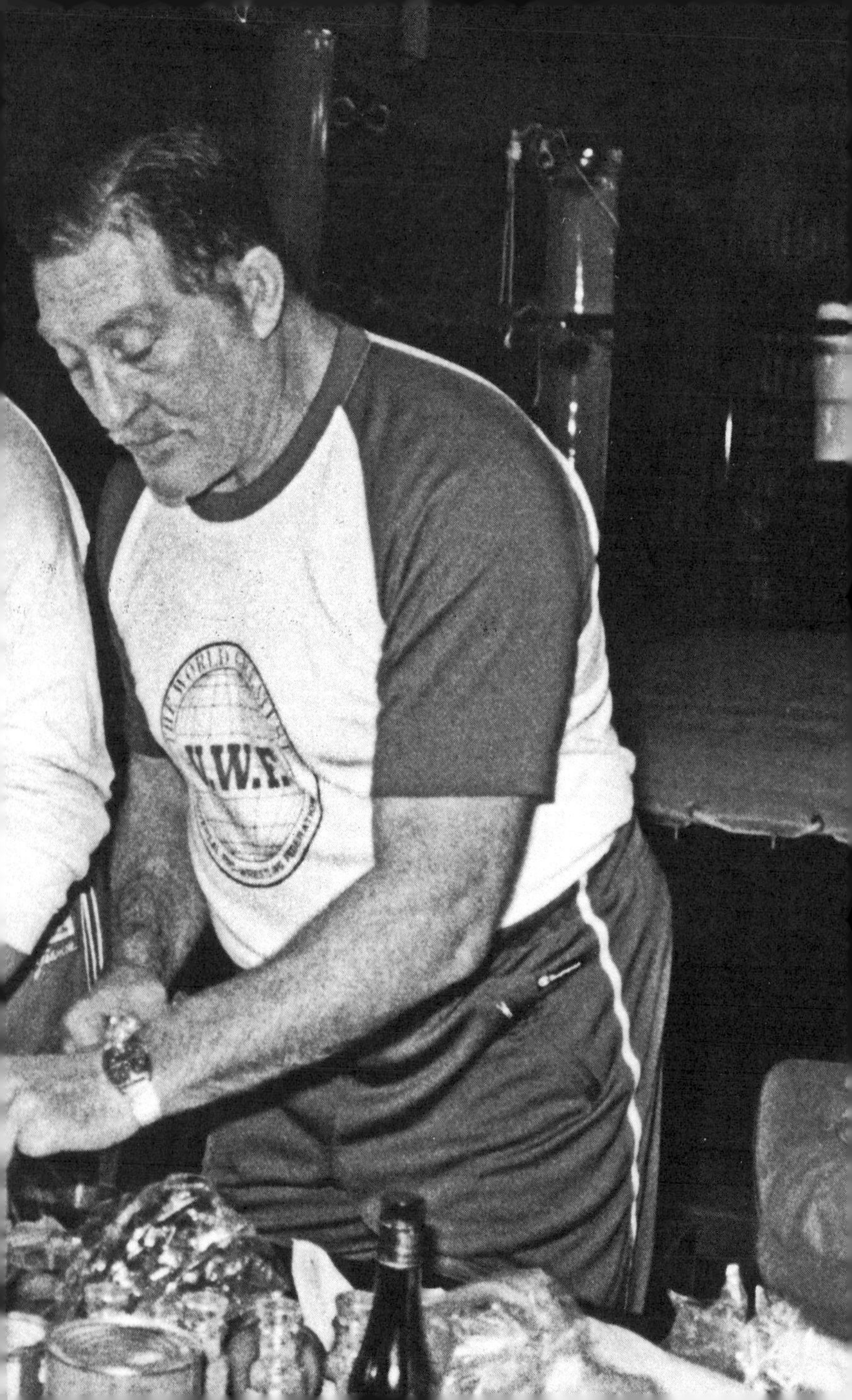

世田谷区用賀にあった第一次UWFの道場でちゃんこをつくる藤原とゴッチ（1985年4月）

めてＵＷＦスタイルの原型となる闘いが披露されました。あのスタイルは、どのようにして生まれたんですか？

前田　あれはどういう試合をするかって会議をした時、藤原さんが言ったんですよね。

藤原　要は、新日本や全日本と同じことをやっても俺らは絶対に勝てないんで、違うことをやらなきゃいけない。その時、頭に思い浮かんだのが、昔、記者に言われた言葉だよ。新日本の頃、記者連中が俺らのスパーリングを見て、「試合よりこっちのほうが面白いわ」って言ってたのが俺の頭の中にずっとあったからさ。記者っていうのは見る側のプロなわけだから、そいつらが面白いと言うなら「道場でやってることを客前で見せたら面白いかもしれないな」って。

前田　それで、試しに道場で試合形式にしてやってみたんだけど、寝技でゴロンゴロンしてるだけの地味なものになっちゃってね。どうしたもんかと困ってたら藤原さんが「俺に任せておけ。俺がなんとかするから」って言って、プロレス風にアレンジしたんだよ。だからあの試合は、藤原さんがつくったスタイルの試合ですよ。

藤原　まあ、スパーリングと同じようにゴロゴロやってるだけじゃ、見ていて面白くないから、ちょっとオーバー目にしてね。

前田　俺なんか、佐山さんが「新格闘技をつくる」とか言ってたから、いろんなアイデアを持ってるのかなと思ったんだけど、全然出ないんだよね。道場で試しにやった時もゴロンゴロンするだけでなんもできない。だから柳澤健（『１９８４年のＵＷＦ』著者）なんかがＵＷＦスタイルはすべて佐山さんがつくったかのように書いてるけど全然違う話でね。あれは藤原さんですよ。ユニバーサルのマッチメイクをしていたのも藤原さんだからね。

――その後、84年9月には木戸修さんも新日本から第一次UWFに移籍してきますけど、どんな経緯があったんですか?

前田 木戸さんはゴッチさんが引っ張ったんですよね?

藤原 そう。ゴッチさんが「アイツもかわいそうだから入れてやれ」ってな。

前田 木戸さんがよく言ってましたよね。「俺はUWFに入りたくて入ったんじゃないんだよ。ゴッチさんが来いって言ったから入ったんだよ」って(笑)。

藤原 「じゃあ、自分の意志はねえのか?」ってことだよな。いつも人のせいにしてさ(笑)。

――木戸さんも一緒にスパーリングとかされてたんですか?

前田 昔はやってました?

藤原 やってたんじゃないの。だけど新日本時代、木戸さんがジョニー・ロンドスとスパーリングやったら極められちゃってさ。ある日、プロレス会場の控室でやったら、俺はロンドスを極めたんだよ。ロンドスが「この床はすべるからな」とか言ってたけど、俺も条件は同じじゃねえかって(笑)。だから木戸さんは、みんな強いって言ってたけどそこまでじゃないよ。ゴッチさんからかわいがられていたっていうのがあって、そう思われているけど。だって、練習でしつこくないもん。

前田　たしかにそうですね。

藤原　俺らは1回やられたら「なぜやられたのか？」って考えるんだよ。ノートに書いて、スパーリングで試して「ここの角度が○度だといちばん効率的に力がかかる」とか研究してな。

前田　そうしないと、なかなか上達しないですよね。

藤原　だから、みんな「テコの原理」って簡単に言うけど、テコの原理を本当に理解しているレスラーはあまりいないよ。

――では、木戸さんはUWFの道場で一緒にスパーリングをやってた感じではなかったんですか？

前田　そうかもしれないね。

藤原　道場に練習来てた？

前田　たまに来てましたけどね。

――木戸さんは日プロからの人じゃないですか。キャリアは木戸さんのほうが上だけど、道場を仕切ってるのは藤原さんで、ちょっと複雑な人間関係だったんじゃないかと思ったんですけど。

前田　だから俺が木戸さんにも藤原さんにも気を遣いましたよ。当時の俺って偉いでしょ？　あんな若かったのに、ちゃんと先輩には礼を尽くしながらやってさ（笑）。

藤原　でも、裏では俺のこともボロクソ言ってるかもしれないから気をつけないとな。

前田　言うわけがないじゃないですか。ホントにもう（笑）。藤原さんがゴッチさんのところに行った時、毎月、盆栽の本だって何冊か送ってたじゃないですか。

藤原　何冊かって1冊じゃねえかよ（笑）。

前田　2冊送りましたよ（笑）。盆栽の本が2種類しかなかったんですよ。

藤原　『近代盆栽』と『盆栽世界』な。

前田　それを毎月送ったじゃないですか。

藤原　そしたらね、俺が日本に帰ってきたら「えっ、藤原さん、お土産はないんですか？」って真っ先に言ってきてな。俺はな、お前の魂胆がよーくわかってるんだよ（笑）。

前田　冗談じゃないですか。冗談（笑）。

藤原　そんなのわかってるよ。お前と俺の仲じゃないか（笑）。

フロントに直訴されて佐山に仕掛けた〝セメントマッチ〟

本格的なキックと関節技を駆使し、ロープに飛ばさず、反則攻撃や不透明決着を排除したUWFの格闘プロレスは、聖地・後楽園ホールに集うマニアを中心に熱心な信者を増やしていった。しかし、急進的な佐山が主張する厳格なルールの設定や試合数の削減、Aリーグ、Bリーグの2軍制導入などの実験的な試みは、資金難が続いたユニバーサルの経営状態をさらに苦しめ、ここから佐山が孤立していくこととなる。

――藤原さんが第一次UWFの試合をつくった一方、途中から佐山さんはルールや興行面でいろいろと口出しをするようになるわけですか。

前田 試合を月に1回、大会場だけにしようとかね。そんなのあの時代に無理じゃん。テレビの放映権料もないのに、どうやって生活していくのって。

藤原 やっぱりギャラをたくさんいただきたかったら、数をこなさないと話にならないんだよね。だから藤原組でもそうだったけど、1カ月に1回の試合を2回にしたら若いヤツらから文句が出たんで、「お前ら、経費がいくらかかってるのかわかってんのか?」って言ってやったよ。

前田 ユニバーサルの頃の佐山さんは、理想じゃなくて空想だったんだよ。大会場だけにして、月に1試合か2試合にするって言っても、あの頃のユニバーサルに大会場を押さえるような資金もないし信用もない。じゃあ、新生UWFではなんでできたのって言ったらさ、メチャクチャ応援者がいたんだよ。マザーエンタープライズの福田(信)さん。ハウンド・ドッグや尾崎豊でバンバン金儲けして、日本中の大会場を押さえまくってた人。あとはニッポン放送。その両方が応援してくれたんだよ。神たちフロントの手腕でもなんでもないんだよ。全部俺の人脈じゃん!

藤原 まあまあ、その話はあとでいいだろう(笑)。

前田 ユニバーサルのなかで、佐山さんだけはお金に不自由してなかったんだよ。三軒茶屋にタイガージムを持って、大ブームですごい会員数でね。(マネージャーの)ショウジ・コンチャに抜かれてるにしても、ちゃんとお金は余ったんですよ。それで俺がイギリスから帰ってきた時、佐山さんとよくセットでサイン会に行ってたんだよ。俺なんか当時は1回やったら50万円くらいもらえて月4回。佐山さんは巡業中ほぼ毎日だからね。

藤原　ユニバーサルの頃、千葉で俺と佐山のサイン会があったんだよ。その時、アイツは「いやー、寝坊しちゃって」って家から千葉までタクシーで来たからね。「コイツ、相当もらってんだな」と思ったな（笑）。

――お金に苦しんだユニバーサルのなかで、佐山さんだけ違う生活を送っていた、と。

前田　だから堺で俺と佐山さんが試合をやったじゃん。

――大阪府立臨海スポーツセンター（85年9月2日）での〝セメントマッチ〟と呼ばれた試合ですね。

前田　あの試合の前から伊佐早（敏男＝UWF企画宣伝部長）さんと上井が、「佐山をこらしめてやってください！」って俺に言うんだよ。「いや、俺に言われも困るよなあ……」と思ったんだけど、神や鈴木みたいな若手社員も「佐山さんをなんとかしてください。このままでは会社が潰れます。みんなは飲まず食わずでやってるのに」って言ってる。だからやったんだよ。

――フロント側の意向だった、と。

前田　それでやったんだけど、俺は佐山さんがいなかったらユニバーサルは団体として回っていかないっていうのがわかっていたから、「自分はやっちゃいけないことをやったんで、これで辞めます」って言って辞めたんだよ。

――佐山さんのほうについてる社員はいなかったんですか？

前田　いなかった。ゼロ。

――では、大スターだった佐山さんがいなければ興行が成り立たないけど、佐山さんがいると興行数を増やすことができないというジレンマに陥ってたんですね。

前田　だから俺は、あれをやることで佐山さんに目を覚ましてほしいと思ったんだよね。あの試合後、俺自身はもう辞めたつもりで、「これからどうしようかな。またイギリスに行って試合したらいいかな」と思ってたら、浦田さんと藤原さんが迎えに来てくれたんだよ。

――結局、ユニバーサルの人たちは、佐山さんではなく前田さんを取った形になって。

前田　なんか、そんなふうになっちゃったね。

佐山離脱で消滅した「無限大記念日ＵＷＦ第2章幕開け」

第一次ＵＷＦにとっての最大の問題は資金難だった。当時、プロレス団体運営の生命線と言われていた全国ネットのテレビ放送はなかなかつかず、観客動員も後楽園ホールこそ満員だったが、地方興行は常に苦戦が続いた。

そんな第一次ＵＷＦに救世主が現れる。85年2月、協栄ボクシングジムの金平正紀会長からの紹介で「海外タイムス」という新聞のスポンサードが受けられることとなったのだ。同年5月には社名も「海外ＵＷＦ」に変更。ようやく軌道に乗るかと思われたが、海外タイムスは普通の会社ではなく、実態は巨額詐欺事件を起こし世間を騒がせていた豊田商事の関連会社だったことが発覚する。

そして6月18日、豊田商事会長の永野一男が殺害されると豊田商事グループは崩壊。海外タイムスも破産に追い込まれ、第一次ＵＷＦは再び資金繰りが悪化。さらにこの事件の影響で、テレビ東京系の番組『世界のプロレス』内での試合放送もわずか2回で打ち切られてしまった。

――資金繰りが苦しかった第一次ＵＷＦの救世主になるかと思われたスポンサーの海外タイムスは、巨額詐欺事件を起こした豊田商事の関連会社だったわけですけど。当初、「これは怪しいな……」という感じはなかったんですか？

前田　夢のような話がいろいろあってね。選手の給料が何倍にもなるとか、山手線沿線に常設の試合会場をつくるとか、いろんな話があった。当時はプロレスで大きなお金が動く時代だったから、俺らからしたら「ああ、よかったな」という感覚だけだったね。

藤原　グアムでトレーニングキャンプもやったんだよな。

前田　あれ、どうしようもないホテルでしたね。汚くて、部屋中がヤモリだらけで。

藤原　それで「帰ろう！」って言ったら違うホテルに変えてもらえたんだよ。

――その辺から、ちょっと怪しいって思い始めましたか（笑）。

前田　いや、そんなこともあったけど、みんなやる気に満ちていたんだよ。「これで給料が何倍にもなるぞ！」って言って、みんなで練習もガンガンやってね。いい感じだなと思ってテレビをパッとつけたら……。

藤原　スポンサーだった会社の会長（永野一男）が殺されてるんだよ。

前田　俺は報道の生中継を見てて、「あー、やめてくれ！　やめてくれ！」って思わず叫んじゃったよ。

――あの刺殺事件で豊田商事および海外タイムスは倒産。当然スポンサードの話もなくなり、テレビ東京のレギュラー放送の話も立ち消えになり、第一次ＵＷＦは会社の命運が絶たれたわけですよね。

前田　そう。でも浦田さんは頑張って、起死回生で東京佐川急便から資金提供の話を取りつけたんだよ。東京佐川急便からの条件は、「スーパー・タイガーが合流するならカネを出す」ということ。だから、俺と佐山さんが堺でやったあと俺が戻されて、佐山さんを含めたメンバー全員でユニバーサルは再出発することになってたんだよね。

――第一次ＵＷＦの最終興行は85年9月11日の後楽園ホールでしたけど、本当は10月19、20日に後楽園ホールで「無限大記念日ＵＷＦ第2章幕開け」という大会が予定されてたんですよね。

前田　ところが会議の席で浦田さんが「あの佐山が裏切った。だから東京佐川急便の話はなくなってしまった。申し訳ないが、これはもう解散しかない」って、俺たちの前で言ったんだよね。

――そこで佐山さんの第一次UWF離脱が明らかになったんですね。

前田　もうユニバーサルで興行を続けていくことはできなくなったんで、最初は「新日本に行きましょうか？」っていう話をしたんだけど、藤原さんや木戸さんに反対されたんだよね。

藤原　俺、反対したっけか？

前田　藤原さんと木戸さんは「新日本に行くのは嫌だ」って言ってましたね。

藤原　まあ、半端な覚悟で新日本を辞めて出てきたわけじゃないからな。まだ若かったし、もう1回頭を下げて戻るくらいなら、違う仕事をやればいいやぐらいに思ってたんだろうな。

前田　それで新日本がダメなら全日本しかないと思って、俺の代わりに田中正悟が全日本に連絡したら、ジャイアント馬場さんにザ・キャピトルホテル東急に呼び出されてね。俺が部屋に通されたら、馬場さんが足を組みながら椅子に座ってデカい葉巻を吸ってたよ。

――その時同席した人は誰かいたんですか？

前田　いや、馬場さんだけ。

――馬場さんと前田さんの1対1ですか。どんな話をされたんですか？

前田　こっちの状況を説明したり、いろいろ話したんだけれど、全日本もジャパンプロレスとかがいて選手が飽和状態だからこれ以上は無理だと。それでも「どうしてもって言うなら前田くんと髙田くんぐらいならなんとかなる」っていう話だったんだよ。でも、そういうわけにもいかな

1985年9月11日、後楽園ホールで行われた藤原vsスーパータイガー戦後の控室

U.W.F.
U.W.F.

いからね。

――UWF分裂になってしまうわけですもんね。それで選択肢が新日本以外になくなった、と。

前田　全日本の話がダメになった時、藤原さんが「用賀あたりの広っぱに特設リングを組んでやればいいだろ」って言うから、「そのお金はどうしたらいいんですか？」って聞いたら、「そんなの知らねえよ！」って言われて（笑）。

藤原　その辺から俺は前田に見放されたんだな（笑）。

前田　それで木戸さんに聞きに行ったら、「俺はゴッチさんに言われたからUWFに来ただけで、そんなの知らねえよ」って言われて（笑）。

――結局、木戸さんも「知らねえよ」（笑）。

藤原　俺も木戸さんもダメだよ（笑）。

――木戸さんなんかとくにマイウェイをいく方ですもんね（笑）。

前田　だからUWFって俺が先頭でやりたいという気持ちがあったわけじゃなくて、気づいたら俺が先頭になってたんだよ。その前に俺は、ちゃんと藤原さんと木戸さんにも相談してたんだから。相談してましたよね？

藤原　お前、孤独だったんだな（笑）。

前田　孤独ですよ。ホントにもう。それで「もう新日本しかないんで、新日本と話をしますよ」って断りを入れて新日本と連絡を取って。その時は倍賞（鉄夫）さんが猪木さんの全権大使として来て、スムーズに話はまとまったんだけど、その頃から倍賞さんは「前田、あの田中正悟っていうヤツには気をつけなきゃいけないよ」って言ってたんですよ。

田中正悟の〝悪行〟

田中正悟は、前田の高校時代の空手の先輩であり、プロレス入り後も世話人として前田を支えていた人物。ファンからも「田中先生」と呼ばれ、前田のよき兄貴分として有名だったが、近年になってその〝真の姿〟がわかったという。

前田　のちにわかったことなんだけど、新日本とＵＷＦが業務提携していた当時、田中正悟が俺らに隠れて個人でマネージメント契約をして、毎月２００万円だかのカネを新日本から受け取ってたんだよ。

――業務提携時代も田中正悟さんが一枚噛んでたんですか。

前田　田中正悟は俺になんかあるたびに親身になっていろいろ動いてくれて、「ありがたいな」と思ってたんだよ。ところがなんてことはない、俺を利用していただけだったんだよね。だから業務提携時代も「新日本は裏でお前のことをこんなふうに言ってるぞ。潰されないように、お前も暴れなきゃダメだ」とか焚きつけられて、俺も馬鹿正直に「えっ、ホントですか⁉　わかりました！」って暴れてさ。その都度、田中正悟は新日本に対して「前田に言うこと聞かせられるのは自分しかいません」と言って、仲裁料としてカネを受け取ってた。マッチポンプだったんだよ。

――そんなことが長年、続いていたわけですか。

前田　それを俺がなんで気づいたかというと、ユニバーサル解散から10年くらい経った頃、伊佐早さんが突然リングスの事務所に来て、ユニバーサル解散時のカネの話をされたんだよ。というのは、業務提携で新日本に上がるにあたって、俺ら上5人（前田、藤原、髙田、山崎、木戸）に対して合計2800万円くらい支度金が出たんだよね。でも、その時は浦田さんがユニバーサルでこさえた借金を抱えて大変だ、と。それで浦田さんの奥さんが自殺未遂を起こしたとか、そういう噂も聞いていたからさ、俺が「このお金は浦田さんにあげましょうよ」と言って、田中正悟に浦田さんのところへ持って行ってもらったんだよね。

ところが10年も経ってから伊佐早さんが来て、「あの時、俺も私財を投げ出したのに、浦田さんにだけお金を渡すのはおかしいじゃないか」って言われて。あの時、伊佐早さんは相当お金に困ってたんだろうけど、「いや、10年以上経ってそれを今言われても困るんで、浦田さんに言ってくださいよ」って言ったんだよ。そしたら伊佐早さんが実際に浦田さんのところに行ったけど、浦田さんは「なんだそれ？　そんなお金はもらってないし、聞いたこともないよ」と言ってたって。伊佐早さんがまた俺に伝えにきてさ、それで田中正悟を呼び出して問い詰めたんだよ。「あの時のお金はどうしたんですか？」って。

――そこで田中正悟さんが、浦田さんに渡さずに懐に入れていたことが発覚した、と。

前田　本人は「いや、これは何かの陰謀だ。誰かが俺をおとしめようとしてる」って、白々しいことを言ってたけどね。結局、それ以来、音信不通。

――トンズラしてしまったと。

前田　田中正悟はそれだけじゃないんだよ。ユニバーサルが始まる時、新間さんが（代表から）降ろされたでしょ。俺はあの時、ニューヨークにいたじゃん。

――ＷＷＦインターのベルトを取って、ＷＷＦサーキットしてた時ですね。

前田　それで日本に帰ろうとしたら田中正悟から電話があって、「新間さんのニュース聞いたか？」って言われて、「あっ、なんとなく聞きました」って答えたら、「お前は今複雑になってる日本の状況がわからないと思うから、しばらく俺の家にいてくれ」って言われたんで、みんなに知られないように帰国して、田中正悟の家にしばらくいたんだよ。そしたらユニバーサルでは「前田が行方不明だ」って大騒ぎになって、そこで田中正悟が伊佐早さんに連絡して話をしたんだよ。「前田の親父は、大阪の地まわりヤクザの●●組の麻薬密売人なんだ。組のお金約３０００万円、穴を開けた。それを返さないと前田の父親も前田自身も何が起こるかわからない。なんとかしてやってくれませんか。それで今、前田は借金をしに駆け回ってるんです」って。

――これから新団体が始まるタイミングで、若きエースがヤクザに追われてるってことにされたわけですか。

前田　それで浦田さんと伊佐早さんは、ユニバーサルのために背に腹は替えられないってことで、3000万円を用意して田中正悟に渡したんだよ。アイツはその金で、堺に家を買ったんだよ。ひどいでしょ？

――とんでもない話ですね……。

前田　ユニバーサル解散後、田中正悟が俺に何を言ったかっていうと、「浦田はお前らからあれだけお金をもらって世話になっておきながら、修斗の取締役（協会会長）になっただろ。ユニバーサルの時は『佐山の野郎』とか言ってたのに、今は佐山と一緒になってお前らの悪口ばっか言ってる。そういうヤツだ」って。そんなの言われたら、俺らも浦田さんと会っても挨拶もせえへんやん。

――その話を信じたら、「浦田さんに裏切られた」って思いになりますもんね。

前田　それで浦田さんからしてみれば、べつにケンカ別れしたわけじゃないのに「なんでアイツらは挨拶もしなくなったんだ？」って思うじゃん。それでどんどん疎遠になったんだけど、そうすることで田中正悟は自分が3000万円を盗んだことを隠すことができてたんだよ。

藤原　あー、嫌だ嫌だ。人が信じられなくなるな。べつに信じてたわけじゃねえけど、ますます人が信じられなくなるよ。

前田　俺らはお人好しすぎましたね。

藤原　お人好しっていうか馬鹿というか。世間を知らなかったんだよ。

前田　世間知らずでしたね。

藤原　俺だってそうなんだよ。藤原組は俺が全部カネを出したのに、いつのまにか株主が違う人になってたんだよ。

――メガネスーパーから離れたあとの藤原組ですよね。

前田　えっ、そうなんですか？

藤原　そうだよ。

前田　誰になったんですか？

藤原　昔世話になった人なんだけど、みんなが知らない人だよ。61歳かなんかで死んじゃったけどね。俺になんかした人は、不思議なことにみんな早死になんだよ。俺はずっと呪ってるから、それが効いてるのかな。「あの野郎……」ってね。

――藤原の呪いは恐ろしいですね（笑）。

前田　そういえば、田中正悟も2年ぐらい前に死にましたよ。

藤原　あっ、ホント。なんで死んだの？

前田　なんか変な死に方で、脚をケガしたら、そこからばい菌が入って脚を切断したんですよ。それでもダメで、敗血症で死んじゃったんです。

藤原　俺の呪いかもしれねえな（笑）。

前田　冗談抜きで、呪われて死んだんじゃないかと思うんですよ。四国の産廃業者の親玉がいるんですけど、田中正悟はその娘をたぶらかしたんですよ。四国っていう場所は、呪いとか拝み屋（霊媒師）が今でも本当にいるからさ。脚をケガして抗生物質を打ってるのに切断しなきゃいけなくなって、さらに切断したのに敗血症で死ぬってありえないでしょ。そうしたらもう（拝みながら）コレしかないじゃん。

藤原　お前が殺したんじゃないの？（笑）。

前田　俺もいつの間にか呪いの術を身につけてましたかね（笑）。

――藤原直伝の呪いが（笑）。

藤原　今度、セミナーやろうかな。呪いの仕方を教えますってな（笑）。

――嫌なセミナーですね（笑）。

前田　でも、田中正悟はそういう呪われるような話がいっぱいあるんだよ。アイツは引っ張ったカネで大阪に自社ビルを建ててね。

――中華料理「西遊記」チェーンのビルですね。

前田　そうそう。あれ、もとはと言えば全部俺らから取ったカネだよ。それでロールスロイスのオープンカー乗り回してさ。

――それにしてもUWFの選手も大変ですね。前田さんには田中正悟さんがいて、佐山さんにはショウジ・コンチャがいて（笑）。

前田　田中正悟はよくも悪くも俺に関することはなんでも知ってるんだよ。ウチの家系のいろんな話も知っているから、それを元にウソをでっち上げたりしてね。

藤原　そんなことまで言わなくてもいいんだよ！（笑）。今日しゃべったことで、本に載せられるのは3分の1くらいじゃねえか？

――第一次UWF時代は、いろんな苦労や苦悩もあったと思いますけど、あのメンバーでがっちり練習をして自分たちのやりたい闘いを見せた、いい時期でもありましたか？

前田　振り返ってみれば、そういういい時期だったなっていう思いもあるし。あと、もとはと言えば藤原さんたちが俺のために新日本を辞めて来てくれたりしたから、食えなくなったら申し訳ないなっていう思いがすごくあったんですよ。だから、なんとしても頑張らなきゃいけないなって。

藤原　まあ、騙されるのも嫌だけど、騙す方になるよりマシだよ。バレた時に恥ずかしいじゃん。「アイツは男じゃない」って言われるくらいなら、カネなんかないほうがマシだ。恥を知れっていうことだよ。

前田　ホントに嫌ですよね。寄生虫とか吸血鬼だらけで。

藤原　レスラーっていうのは、とくに若い頃は世の中を知らないから騙されるんだよ。まあ、そのなかでいちばん騙されたのは、アントニオ猪木だけどな（笑）。

――それを受け継いじゃってるんですかね。ある意味、闘魂伝承というか（笑）。

藤原　悪いところばっかり真似しちゃうんだよな（笑）。

UWF

第三章
新日本との潰し合い

1986年5月1日、両国国技館で行われた前田vs藤波辰爾戦後の控室

新日本との提携で〝もっとすごいUWF〟ができる

1985年12月6日、新日本プロレス両国国技館大会に前田日明、藤原喜明、木戸修、髙田延彦、山崎一夫のUWF五人衆がスーツ姿でリングに登場。新日本とUWFの業務提携が発表された。そしてUWFを代表して前田がマイクを握り「1年半UWFでやってきたことがなんであったか、それを確かめるためにやってきました」と正々堂々たる宣戦布告を行い、UWF勢は翌86年1月3日開幕の「新春黄金シリーズ」から新日本に参戦した。

――86年1月からUWFの選手たちは新日本に参戦するわけですけど、UWF軍団みたいな形で吸収されるのではなく、あくまで会社同士の〝業務提携〟という形でしたよね。

前田　実際、あの時はUWF軍団みたいな感じで乱入して暴れてくれって言われたんだけど、全然やらなかったんだよ。ちゃんとスーツを着て、リング上から挨拶してね。

――新日本に参戦してもUWFスタイルを貫くというのは、最初から決めていたことだったんですか？

前田　当時は俺も若かったし、UWFで藤原さんと佐山さんが中心になって、ちょっとやっただけであれだけ盛り上がったんだから、新日本というお金も人材もいる団体で「せーの」で始めたら、〝もっとすごいＵＷＦ〟ができると思ってたんだよ。もともと格闘技の技術を駆使して、他の格闘技の選手が見ても納得するようなプロレスをやるというのは猪木さんがずっと言ってたことだし、やってくれるだろうなと思ってたんだよね。

――新日本のリングで、新日本のレスラーともＵＷＦに近いスタイルで試合しよう、と。

前田　参戦交渉の時点で、倍賞さんとそういう話もしたんだよ。

――どういう答えだったんですか？

前田　倍賞さんは現実主義者で、「アキラ、そうは言ってもできる人とできない人がいるんだよ。そういう選手をどこから引っ張ってくるんだ？」って言ってたよ。だから「自分らも今までやってきたことしかできないですよ」って言ったんだよ。「ロープには飛びません」とかそういうことも含めてね。

――そこまで話をしていたんですね。藤原さんは、再び新日本に戻って闘うことについて、どんな気持ちでしたか？

藤原　まあ、1回辞めているから、離婚した女とまたくっつくみたいな、おかしな感じはあったけど、食っていかなきゃならねえからな。

――いざ新日本に参戦してみて、最初はお互いかなりピリピリしていたと思いますけど、試合で揉めるようなこともあったんですか？

前田　業務提携の初期は俺らもけっこう事件を起こしてるんですよ。タッグマッチで藤波さんをノックアウトしたりとか。

――失神させちゃったんですか？

前田　パーンとハイキックで蹴ったら藤波さんが倒れて、俺が冗談でワン、ツー……って数えながら待ってたらテンになってても起き上がってこないんだもん。しょうがないから無理矢理起き上がらせたけど（笑）。そういうちっちゃな事件がいっぱいあったんですよ。

――前田さんと星野勘太郎さんがボコボコやりあって、試合後に星野さんが控室に乗り込んできたこともありましたよね？

前田　それはずっとあとの話だよ。

藤原　あの頃、なんで星野さんが前面に立ってたかというと、日本プロレス時代に猪木さんといちばん仲良かったのは星野さんだったんだよ。俺は知らなくて、猪木さんの晩年になって知ったんだけど。

前田　そうなんですか？

藤原　猪木さんがプロレスラーのなかで「友達」と呼べるのは、星野さんしかいなかったんだよ。

前田　星野さんってホントの意味の〝路上の伝説〟ですよ。

――朝倉未来どころじゃないと。

前田　だって星野さんが神戸の不良でケンカばっかりしてた頃の仲間が、みんなのちの山口組幹部だよ。

藤原　それ、載せられないだろ（笑）。でも、そうだよな。トラブルがあってヤクザ者がバーッと出てきたら、必ず出ていったのが星野さんだからね。

——それは団体として心強いですね（笑）。そういう星野さんに、選手のみなさんは一目置いていた感じですか？

藤原　みんな知らなかったよな？

前田　あの人は普段、すごい静かな人ですからね。

——前田さんは若い頃から星野さんにかわいがってもらったんですよね？

藤原　何？　お前も山口組？（笑）。

前田　俺、たぶん新日本に入ってなかったら、西成の●●組に入ってましたよ。

藤原　載っけられないだろ（笑）。

前田　ノックアウト強盗と間違われて警察に追われてた時に助けてもらったんですよ。

藤原　誰に？

前田　そのヤーさんに。「お前、ノックアウト強盗なんか？」「いや、俺じゃないです。俺じゃないです」って。それからメシ食いに連れていってもらったり、「これでなんかおいしいものでも食え」って小遣いをもらったりとかしてね。それで「お前、高校卒業したらウチに来い」って言われたんですよ。

——直々のスカウトじゃないですか（笑）。

前田　だからあのまま大阪にいたら、組同士の抗争の鉄砲玉で捕まって、いまだに刑務所に入ってただろうね。

藤原　ヘタしたら死んでるよ（笑）。

新日本の選手はサンドバッグ状態

――先ほど、新日本の選手ともUWFに近いスタイルでやりたかったという話がありましたけど、UWFに向いてる選手や「できるな」と思った選手は誰でしたか？

前田　藤波さんはゴッチさんの家に半年ぐらい住んでたっていうから、そういう練習もしているだろうし。でも、細かい関節技のやり取りになってくると、ほとんどの選手がそういう練習をしてないから、わからないね。

――逆にUWFとやるのを嫌がる選手もいましたか？

前田　みんな心の中では嫌がってたでしょ。

――とくに前田さんは嫌がられてたかもしれないですね（笑）。

前田　バイアグラとかステロイドとかの話と一緒だよ。やってるのにやってない、飲んでるのに飲んでないって言うヤツがいるじゃん。「飲んでなくても俺のチンコはビンビンだ！」「筋肉がモリモリだ！」って言うけど、実はクスリに頼ってるっていう。それと同じで「（格闘技の攻防が）

できるんですか？」って聞くと「できるよ」って言うんだけど、できないんですよ。

――試合でケンカみたいになるようなこともありましたか？

前田　いや、もう新日本の選手はサンドバッグ状態だったからね。

藤原　お前が容赦なく蹴るからだろ（笑）。

前田　今、新日本の昔の映像が海外でもインターネットで見られるみたいで、アメリカのファンから突然「あなたの試合の面白いシーンを集めたよ」って動画を送られてきたりするんだよね。それを見ると、俺は上田（馬之助）さんのことは全然蹴れなかったなって思ってたんだけど、顔面をバシバシ蹴ってて、「あれ、そうだったっけ？」って（笑）。

――日プロ出身の大先輩の顔面を蹴ってましたよ（笑）。当時は、先輩だろうがなんだろうが自分たちの流儀でやるしかないって感じですか？

前田　UWFは俺がツッパらないと絶対ダメだと思ってたからね。それで新日本をクビになったとしても、イギリスに行くか、ゴッチさんのところに行って生活しながらいろいろ教えてもらうか。それかプロレスが嫌になったらやめて、空手道場でもやればいいやと思ってね。

――UWFの選手は腹を括ってましたよね。組長もそうでしたよね？

藤原　そうだよ。俺は料理ができるから、ダメならラーメン屋でもやろうと思ってたし。

――だからこそ、あれだけ自分たちのスタイルを貫けた、と。

前田　当時、木村（健悟）さんが『週プロ』誌上で「前田を制裁してやる」って言ってたからさ。

ある時、試合中に小声で「木村さん、俺を制裁してくれるらしいですね。どういうふうにしてやるんですか?」って聞いたら、「お前、仕事だからな、仕事！　仕事するんだよ!」って(笑)。

——木村さんに対しては藤原さんも関節技をバキバキに極めたりしてましたよね?

藤原　あっ、そう?　覚えてないや。

——数年前『アメトーーク!』っていうバラエティ番組の「プロレスファン芸人」の回でもネタになってましたよ。木村さんが藤原さんにヒザ十字を極められて、「イターい!　ダメダメ!　助けて〜!」って悲鳴を上げてる映像が流れて(笑)。

藤原　まあ、視聴者に楽しんでもらえたならいいんじゃねえか(笑)。

前田　そうやっているうちに、星野さんが俺に挑んできたんですよ。星野さんは同じ在日の先輩だから「プロレスやらなあかんな」と思って俺はやってたら、いきなりボコボコってやってきたんだよ。それで「おっ、やったろ」と思って、そこから二人で殴り合いして。それで試合が終わって控室に戻ったら、星野さんが単身でUWFの控室に乗り込んできたんだよね。あの人、根性あるよ。

——さすが戦中生まれの神戸のケンカ屋ですね。

前田　それから何日かして、どっかの体育館で練習が終わってトイレに入ったら星野さんがおしっこしてたんだよね。それでパッと俺の顔を見て、「あっ、また揉めるのかな」と思ったんだけど、一応「お疲れ様です」って言ったら、「おう」って。

藤原　俺らはケンカしてもすぐに仲直りしたもんな。
前田　リング上でやりあったことを引きずるような人じゃなかったね。
――外国人選手で前田さんがカタいの入れたら、「やってやるぞ！」みたいな人はいましたか？
前田　いなかったね。「俺、合気道できるんかな？」っていうぐらい相手に触れるだけで吹っ飛んでいくんだよ。「俺、塩田剛三よりもすごいな」って（笑）。

「アンドレが『マエダを殺す』って言ってたけど、大丈夫？」

86年4月29日、三重県・津市体育館で唐突に前田vsアンドレ・ザ・ジャイアントの一騎打ちが行われた。試合開始直後からアンドレはプロレス的な攻防に付き合わず、前田のタックルを押し潰すとグラウンドでサミングを仕掛け、さらにフルネルソンの体勢から200キロ以上ある全体重をかけるなど危険な攻撃を繰り返した。

異様なこう着状態が続くなか、異変を察知した前田が意を決してアンドレのヒザに危険な蹴りを連発。この蹴りで倒れたアンドレはそのまま起き上がらず、無効試合の裁定が下された。

なぜアンドレがあのような闘いをしたのか、アンドレをけしかけた黒幕が存在するのか――。

この伝説のセメントマッチの真相はいまだに謎のままとなっている。

1986年3月21日、岐阜産業会館で行われた猪木＆上田馬之助vs前田＆藤原戦

――新日本とＵＷＦの緊張関係が続くなか、アンドレ戦が不穏試合となってしまった理由をどう考えていますか？

前田　あれはたぶん（ミスター）高橋さんも一枚噛んでたと思うんだよね。

藤原　俺もそっちのほうだと思う。

――高橋さんって、誰かを焚きつけたりする方だったんですか？

前田　よくやるんだよ。遊び半分でね。俺が新弟子の頃から高橋さんがらみの案件がいっぱいあったから。

――たとえばどんなのがあったんですか？

前田　俺が外国人とやる時、「アイツはシュートボーイで馬鹿だし、空手の黒帯で、不意打ちでパンチやキックを出して相手を大ケガさせるからお前も気をつけたほうがいいぞ」って相手の選手に言ってさ。そうすると相手もいきなりカタくくるじゃん。それで俺もやり返したりするのを見て、高橋さんと荒川さんが喜んでたりするんだよ。

藤原　荒川さんも焚きつけるのはうまかったな。それで荒川さんといちばん仲良かったのが俺で、よく荒川さんに「焚きつけろ」って言ってたから、その被害者が前田だな（笑）。

前田　えっ、そうなんですか？

藤原　いや、ウソだよ！　冗談に決まってんだろ、お前（笑）。

前田　もう誰を信用したらいいかわからないからさ（笑）。

藤原　でも、アンドレ戦の時は会場の奥のほうから見てたんだけど、様子がおかしいのはすぐわかったからさ。「あっ、このままじゃアイツ、殺されるぞ」と思って、リングサイドに走っていったんだよ。

前田　俺も顔面蹴ったりしてやり返すことができたけど、テレビ中継が入ってたから、もしノックアウトしたらアンドレの商品価値がダメになっちゃうじゃん。それにあの頃、テレビ局の人もプロレスがどういうものかわかってると思ってたんで、今後UWFが独立してテレビをつけようとしても、「あいつは事故を起こすヤツだから使えない」ってなるんじゃないかとか、いろいろ考えてね。かといって、アンドレはプロレスをやろうとしないし、「どうしたらいいのかな……」って思ってね。

藤原　だから俺はリングサイドから「行け！　行かなきゃ殺されるぞ！」って叫んだんだよ。お前、羽交い締めにされたまま全体重をかけられただろう？　あれ、普通のヤツだったら窒息死してたよ。

前田　片足タックルに入ったら、上から倒れ込む形で260キロがグシャッて乗ってきたんですよ。

藤原　あれ、お前の体が柔らかかったからよかったけど、窒息死したり首が折れたりしてもおかしくないからな。

前田　同じようなことをどっかで坂口さんもアンドレにやられて、それで坂口さんが杖をつくようになったんだよね。

――前田さんはあの時、星野さんにも確認してましたよね？「行っちゃっていいですか？」って。

前田　アンドレみたいなトップレスラーを相手に勝手に試合を壊すわけにもいかないからさ、「星野さん、どうしたらいいんですか？　このままじゃやられちゃいますよ。やっていいんだったらやりますよ。教えてください」って言ったんだよ。そしたら星野さんが「俺に聞くなよ！」って言うから、「これは困った……」と思って（笑）。

――あの時、途中から猪木さんも控室を出て会場の奥から試合を見てたんですよね。

前田　このままじゃ試合にならないから、誰かが乱入して試合を壊してくれるんだろうなと思って日本人控室のほうを見たら、猪木さん以下、新日本の選手たちが遠くから試合を見てるだけだし、外国人控室のほうを見たらディック・マードックとかが控室から出て見てるし、「えーっ、誰も来ないの？」と思ってさ（笑）。そしたら藤原さんが来たんだよ。

藤原　俺は奥で見ていてこのままじゃコイツが殺されると思ってさ、リングサイドに駆け寄って、「バカヤロー、行け！　正面からヒザを蹴れ！」って言ったんだよ。アンドレは大きいからフットワークはゆっくりだから、どちらか片足に重心が乗った瞬間に正面からヒザを蹴ると、相手は必ず倒れる。あの蹴りは練習してたし、ゴッチさんにも教わったよな。

――でも、アンドレに仕掛けられて、返り討ちにしていいのかどうかもわからないなか、見捨てられた形になるって恐怖ですね。

前田　思い返してみると、試合前からいろいろあったんだよ。東スポかどっかの記者が「アンドレが『マエダを殺す』って言ってたけど、大丈夫？」って聞いてきたんで、「もう、プロレスの記者を何年やってるんですか。『殺す』って言っても誰も殺さないでしょ。『血の海にしてやる！』って言って血の海にならないでしょ」って言ったんだよ。そしたら今度は高橋さんが来て、「アンドレがお前のことを生意気だからどうのこうの言ってるんだ。俺は『そんなことない』って言ったんだけど、『挨拶にも来ないじゃないか』って言うから、ちょっと挨拶に行ってくれよ」って言われたんだよね。

それで高橋さんに連れられて外国人控室に入ったら、マードックたちがポーカーをやってて、パッと俺の顔を見るなり、「ああ、コイツかわいそうだな」って顔をしてるんだよね。それでアンドレのほうに俺が近づいて行ったら、「ゲラウェイ！」って言われてさ。それで俺は、また高橋さんがイタズラでやってるんだろうなと思って控室に戻ったんだよ。

――外国人レスラーみんながグルになってのドッキリだろう、と。

前田　そしたら高橋さんがまたやってきて、「前田、悪いけど今日は俺がレフェリーできないんだよ。だからちょっと気をつけてな。何が起こるかわからないから」って言うんだよね。

――たしかにあの試合のレフェリーは、ミスター高橋さんじゃなく、アンドレが連れてきたフレンチ・バーナードでしたね。

前田　でも、俺は本気にしないで、「またまた〜。どこまでやるんだ、このオッサンは」と思ってリングに上がったんだよね。それで最初は普通にプロレスをやろうと思ったんだけど、アンドレが全然応じてこなくてさ。「あれ、これはプロレスにならないな。でもテレビ放送だし、なんとかやらなきゃいけない」と思ってたら、体重かけられてグシャッとされて。「これはヤバいな」と思って星野さんに聞いたら「俺に聞くな」って言われたんで。「もうやるしかない。もし怒られたら全部藤原さんのせいにしちゃおう」と思ってやったんだよね（笑）。

藤原　いいんだよ、それで。あのままだったら危なかったぞ。

――ホント危ないですよね。

前田　危なかったよ。

藤原　それで次のシリーズ（第４回ＩＷＧＰ）で俺がアンドレとやったんだよ。そしたら、まあ優しくやってくれたよ（笑）。

前田　俺は何があってもいいようにコーナーで控えてたんですよ。アンドレに「行くからな」ってメンチを切って。でも、なんにもなかったね。

――アンドレ戦のあと、猪木さんと話す機会はなかったんですか？

前田　俺は試合直後、「こんなことやらせたのは猪木さんじゃないか」と思ったんだよね。それで、あの日の体育館はシャワー室が新日本側の控室の中にあったんで、怒鳴り込んでやろうと思って入っていったんだよ。そしたら猪木さんと目が合ったんで、文句言おうと思った瞬間、「あれでいいんだよ」って言うから、「あれ、猪木さんじゃないのか?」って(笑)。

藤原　猪木さんもああいう試合が好きだから、わからねえよな。

前田　それでパッと横を見たら坂口さんがしかめっ面して、目も合わさなかったんで、「あっ、坂口征二が犯人か」と思ってね(笑)。

藤原　おい、決めつけるなよ(笑)。

――でも、それは疑心暗鬼になりますよね。しかも、今の今まで真相は藪の中で。

前田　坂口さんと高橋さんの合作か、それとも高橋さん一人でけしかけたことか。最近になって高橋さん一人の線も強いなと思い出したんだけど。

――高橋さんはそれぐらい外国人レスラーと近い関係だったということですか?

前田　というよりも暇なんだよ。

――そういうことですか(笑)。

前田　巡業が続くと退屈するから、そういうことをして遊んでるんだよ。そして昭和のプロレス界って、今よりもっと〝野生〟だから、長い時間一緒に行動していればいろんなことも起こる。ケンカみたいな試合だって、普通にあったしね。

藤原　今は時代が違うからな。今なんか道場で「コラーッ、気合入れろ!」って言ったらパワハラだって言われるんだよ。ガーンとぶん殴ったりしたら暴力だしな。

前田　傷害事件にされますよ。

藤原　俺らの時は殴られるのなんて当たり前だったよ。手で殴るんじゃなくて、硬いプッシュアップバーでガーンって殴られて、「ありがとうございました」って言ってるんだから。でも、今そんなことやったら問題だもんな。プロレスラーはぶん殴ったり、蹴ったり、絞めたりするのが仕事なんだけどな。

――高橋さんは結局、暴露本（『流血の魔術　最強の演技　すべてのプロレスはショーである』）を出したことでプロレス界から去ることになってしまいましたけど、その件についてはどう思いますか？

藤原　べつに。まあ、よっぽど生活に困ってたんだろうなって思っただけだよ。

――前田さんとミスター高橋さんの幻の対談本みたいなものもありましたよね？

前田　一昨年やったね。

――結局あれはどうなったんですか？

前田　高橋さんと二人で話してて、ある案件で「あっ、これは高橋さんがイジくったからこういう試合になったんだな」っていうのがわかったんだよ。それでちょっと頭にきて。対談を続けるなかで、それを人に謝ることもなくいけしゃあしゃあとよくそんなことが言えるなと思って。考えてたらどんどん頭にきたんだよね。そのまま立ち消えですよ。

藤原　よく頭にくるヤツだな（笑）。

勝敗が決まっていなかった前田VSニールセン戦

——アンドレ戦みたいなこともあったので、ドン・中矢・ニールセンとの異種格闘技戦（86年10月9日、両国国技館）の前、前田さんは疑心暗鬼になっていたんですよね？

前田　そりゃなるでしょう。だってニールセン戦自体、1週間前くらいにようやく決まったんだよ。

——異種格闘技戦をやることだけ発表されて、相手がなかなか決まらなかったんですよね。

前田　それで何をやるんだろうと思って。メインイベントが猪木さんとレオン・スピンクスで、俺がその前座でやるってことだから、猪木さんみたいなプロレスをやればいいのかなと思ったんだよ。そしたら空中（正三）さんから「お前、気をつけろよ。相手はお前とやるために、半年以上前からずっとその練習をしてるよ」って言われて。それでルールを見たら、ロープをつかんだらブレイクだと。それで俺はグローブをハメないからパンチをしたらダメ。これでもしプロレスじゃなかったらやられちゃうと思ってね。「どっちなんだろう？」と思いながらリングに上がったら、1ラウンドに右ストレートを打たれて訳がわからなくなってさ。

——試合当日もどっちなのかわからない感じだったんですか。

前田　わからないよ。それが正直な感想だよね。

――以前、藤波さんにインタビューしたら、「試合前日まで前田は疑心暗鬼になっていた」と言ってました。

前田　俺は藤波さんにも聞いたんだよ。これはどうなってるんですかって。そしたら「心配すんな、お前はちゃんとやればいいんだよ」って言われてね。

――でも、実際はまさに他流試合といった緊張感でしたよね。

前田　だからあの試合に関して、誰にも悪口はないよ。ただ、おそらく新日本側は「前田をKO負けに追い込んでちょっと恥をかかせて、そのあと猪木さんがスピンクスとやっていい勝ち方をすれば、UWFの連中も少しはおとなしくなるだろう。あいつらが言うことを聞かない首謀者は前田だから、その前田をおとなしくさせたほうがいい」ってことでやったんだよ。だから俺が聞いている話と、ニールセンが聞いている話もまた違うんだよ。

――僕はニールセンが亡くなる前に取材しているんですけど、前田さんとの試合に関して、「勝敗は決まっていない」『早いラウンドでノックアウトするな』とだけ指示されていた」、と言ってたんですよ。

前田　そんなのプロレスでありえないでしょ？

――そうですね。

前田　だから新日本としては、ニールセンが俺をボコボコにして最後はノックアウト勝ちでもいいし、ヘタしたら、それで俺がビビってプロレスができなくなったとしてもいいと思ってたんだろうね。

――でも、逆に前田さんはニールセン戦のあと「新格闘王」として一気に人気が出たじゃないですか。あの時、新日本側や猪木さんの反応はどうだったんですか？

前田　いや、特別に反応があったわけでもないし、普通だったね。

――前田さんの発言力が増したとか、次の契約でギャラが上がったりとかは？

前田　ないよ。

藤原　なんにもないのが新日本だよ（笑）。

前田　あの時は新日本と個人契約じゃなくて業務提携だったんで、いったん俺のギャラは事務所（有限会社ＵＷＦ）に入って、そこからもらってたから。（ＵＷＦのフロント社員だった）神と鈴木が抜いてたかもしれないけどね（笑）。

藤原　それはありそうだな（笑）。

前田　俺らは新日本と業務提携で契約する時、神と鈴木を食わせるためにグッズの権利をこっちで取ったんだよ。それで試合前にポスターやＴシャツにサインを入れて売って、それでアイツらを食わせてたんだよ。アイツらのためにそこまでしたんだよ。それなのにアイツらは新生ＵＷＦになってから会社を乗っ取ったんだよ。新日本との業務提携契約の時、グッズ商品化の権利を取るために、選手のギャラはちょっと安めになったんだから。

藤原　まあ、プロレス界っていうのはそんなもんだよ。平気で抜くもんな。あれ、バレたら恥ずかしいと思わないんだろうな。

前田　アイツらは確信犯ですよ。

「熊本旅館破壊事件」前田vs武藤の真相

新日本とUWFの業務提携から1年。選手間の緊張関係はなおも続いており、試合もスタイルの違いから噛み合わないことが多く、興行成績もなかなか上向かず低迷していた。そんな状態を解消すべく「87新春黄金シリーズ」の九州巡業中、熊本県水俣市の旅館で両軍のわだかまりを解くべく新日本とUWF合同の宴会が催された。

しかし、想像以上に泥酔した選手たちが次々と暴れた結果、旅館をメチャクチャに破壊する事態に発展。融和のための飲み会が、まったくの逆効果となってしまった。これは「熊本旅館破壊事件」として今や伝説となっているが、いったいそこで何が起こったのか？　参加者全員が酔っ払い状態だったため、様々な証言の食い違いが生じ、真相は藪の中となっている。

ここではあらためて、前田、藤原の目から見た熊本旅館破壊事件を語ってもらおう。

――新日本とUWFの緊張関係が続くなか、87年1月に熊本県の旅館で両団体の親睦を図る宴会が催されたものの、みんな酔っ払って大変なことになりましたよね。通称「熊本旅館破壊事件」と呼ばれていますが、あの日のお二人から見た〝真相〟を聞かせていただけますか？

前田　あの飲み会はね、俺たちがリング上でしょっちゅう衝突しているから、小鉄さんが「一度、みんなで酒を飲みながら話でもしたらどうだ」って言って行われたんだよ。

藤原　べつにああいう宴会っていうのは、珍しいことじゃないんだよ。昔は一度巡業に出ると1カ月以上は出ていたし、休みも少ないからストレスが溜まるわけだ。そうすると、たまに試合が休みになる日の前日、みんなで酒盛りしてストレスを発散させるんだよ。この時ばかりは無礼講だから、俺らも酔っ払ったフリして猪木さんや坂口さんに絡むわけだよ。そしたら猪木さんたちは大人だから、ちゃんと話を聞いて、「まあまあ、お前も大変だろうけど」って慰めてくれるんだ。

――長い巡業での大切なガス抜きの機会なんですね。

藤原　前田なんか俺にも絡んでくるからな（笑）。

――そうなんですか（笑）。

前田　藤原さんと酒を一緒に飲むと、必ず俺が先に酔っ払うからさ、すごく嫌がるんだよね。俺が酔っ払って「藤原さん、頭突きお願いします！」とか言って、最初は「やらねえよ」って嫌がるんだけど、俺があまりにもしつこいから、軽くゴツンと頭突きすると、「藤原さんの頭突きはそんなもんじゃないです！　もっと真剣にやってください！」って言ったりして（笑）。

藤原　ホントにアホだよ、コイツ（笑）。でも、昔はおおらかだったよな。酒を飲んでぶん殴り合いをやっても、次の日には「あれ？　なんだお前、その顔は？」「そっちもずいぶん腫れてますけど、どうしたんですか？」「バカヤロー、お前が殴ったんだろ！」みたいなことが、ごく普通にあったからな。俺と荒川さんが酔っ払って殴り合いをして、人がいい坂口さんが「まあまあ」って仲裁に入ると、間違ったフリして坂口さんを殴っちゃったりな（笑）。昔はそんなことばっかりしてたけど、後腐れなんてなんにもなくて楽しかったよ。

前田　そういう雰囲気のなかで俺は新弟子時代を過ごしたんで、だから熊本の旅館でやった宴会でも、武藤と「ジャンケンして勝ったほうが殴ろうぜ」ってやってんだよ。

――巡業中のレスラー同士の宴会では普通の話というか（笑）。

前田　普通の話だよ。だから「前田が武藤をイジメてひどい」みたいなことを言うヤツがいるけど、違うよ。

藤原　あん時は武藤も思いっきり殴ってたもんな。前田がバーンとぶん殴ったあと、「さあ、俺を殴ってみろ！」って言ったら、武藤は「先輩を殴れませんよ」って言ってたのに、数歩下がったと思ったら、ダーッと助走をつけて殴ってたから（笑）。

前田　あの時に髙田が俺を羽交い締めにしたんですよ。

藤原　そうだったっけ？（笑）。それで武藤に殴られた前田が、並んだ御膳の上にバシャーンって倒れてグチャグチャになってさ。

――あの殴り合いは、武藤さんが「前田さん、あんたのプロレスはつまらない」って言ったのがきっかけと言われてますけど。

前田　ウソだよ、そんなの言ってないよ。

――言ってないですか。

前田　言えるわけがないじゃん。あの時、そんなことを言ってたら殺してるよ（笑）。アイツ、すごいホラを吹くんだよ。カッコつけてさ。

藤原　まあ、プロレスラーらしいよな。殴り合いだって、レスラー同士はただのコミュニケーションだからな。

〝中抜き〟された熊本旅館破壊事件の修理費

前田　あの時、俺が首謀者になって猪木さんを酒で潰してやろうと思ってさ。ジョッキに焼酎をロックで入れて、猪木さんの前に20人くらい並んで「猪木さん、お疲れさまです！」って、1対1のイッキ飲みで潰しにいったんだよ。そしたら猪木さんが、「一人ずつ相手をするのは面倒くさい。よーいドンで誰がいちばん早く飲み干すか競争しよう。一番だったヤツがイチ抜けだ。そのほうが面白いだろ？」って言ってさ。それで「せーの、乾杯！」ってやったら、猪木さんは「カッ！」って1秒で飲み干して終わり。

藤原　猪木さんにイッキ飲みでは誰もかなわない。猪木さんはビールの大ジョッキを4秒だからな。アゴがでかいから、そこに溜めてるんじゃないかと思うんだけど（笑）。

――ペリカンじゃないんだから（笑）。

前田　それで猪木さんがイチ抜けしちゃったから、今度は坂口さんを潰してやろうと思って、またみんなで坂口さんの前に並んだんだよ。そしたら坂口さんは真面目だから全員に受けて立ったんだよね。20何杯だよ？　そしたら10～20分の間に20何杯もイッキで飲んだもんだから、さすがの坂口さんも酔っ払ってね。大の字になって手足をバタバタさせながら「前田～、蹴れるもんなら蹴ってみろ～～！」とか言ってね（笑）。

藤原　坂口さんは酒が強かったけどな。酒盛りをやって最後まで残るのが、坂口さんと俺と荒川さんだから。

前田　でも、あの時は坂口さんも酔っ払ってたんで、蹴飛ばしてやりましたけどね（笑）。

藤原　あの日はメチャクチャだからな。

――藤原さんも荒川さんと二人で「根性があるなら、ここから飛び降りてみろ！」「やってやろうじゃねえか～！」とか、宴会場は7階だったのに窓を開けて言い合いしてるから、必死に止めたって越中詩郎さんが言ってました（笑）。

藤原　それは覚えてないな。俺も相当酔っ払ってたからな（笑）。

前田　あとは後藤（達俊）が酔っ払ってどんちょうにぶら下がってターザンをやってるから、「ダメだ。お前、こっち来い！」って呼んで。「猪木さん、呼んでこい！」って言って、宴会場に飾られてた日本刀を渡したら、それを振り回しながら「どこだ猪木〜！　出てこい！」って叫んで。そしたら、真後ろに猪木さんがいて、そのまま素に戻って「お疲れ様でした！」って言って殴られたりね（笑）。

――ジョージ高野さんがドロップキックで旅館の柱を折ったというのは誤情報なんですよね？

前田　柱にドロップキックっていうのはテレ朝がどっかのバラエティ番組で、古い一軒家をレスラーが10人くらいでぶっ壊すというのをやったんだよ。その時にジョージが柱にドロップキックしてね。

藤原　正確に言うとドロップキックじゃなくて、二人でジョージを担ぎ上げてドーンと蹴らせたんだけどね。あの時の一軒家を壊したのと、宴会で旅館を壊した記憶がゴッチャになってるヤツがいたんだろう。

――旅館が壊れ始めたのは、トイレが詰まってからなんですよね？

藤原　あの時は、旅館の料理以外に俺が猪木さんから「おい、わかめスープをつくっておけよ」って言われたんで、つくっておいたんだよ。猪木さんは俺のわかめスープが好きだからさ。そしたら、みんな酔っ払ってトイレに吐くもんだから、水洗トイレにわかめが詰まって逆流してな。それが廊下をつたって階段まで流れてたから。

――汚いですね（笑）。

藤原　それからトイレの戸は引けば開くのに一生懸命押して「このドア壊れてる！」って、蹴り

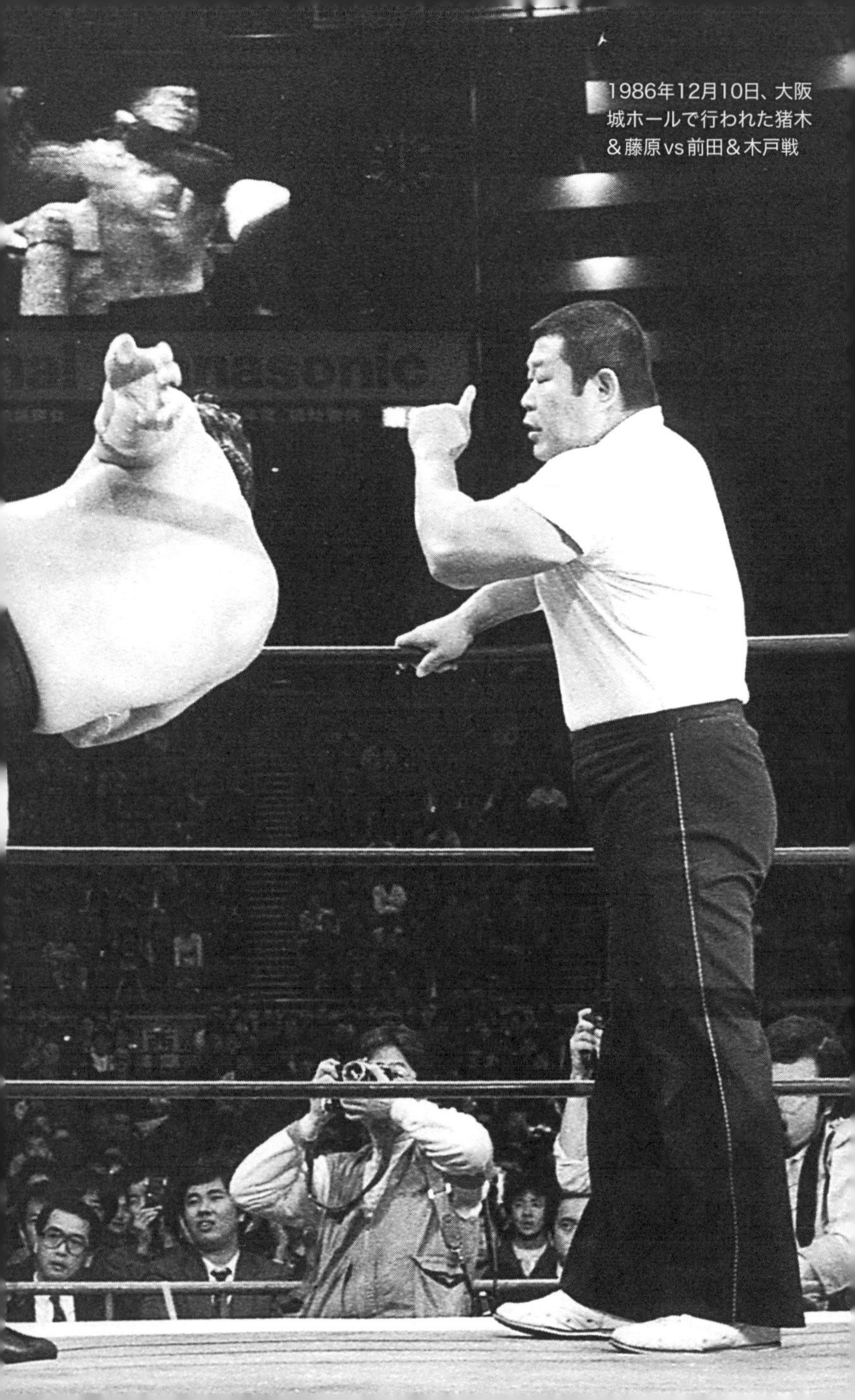

1986年12月10日、大阪城ホールで行われた猪木&藤原vs前田&木戸戦

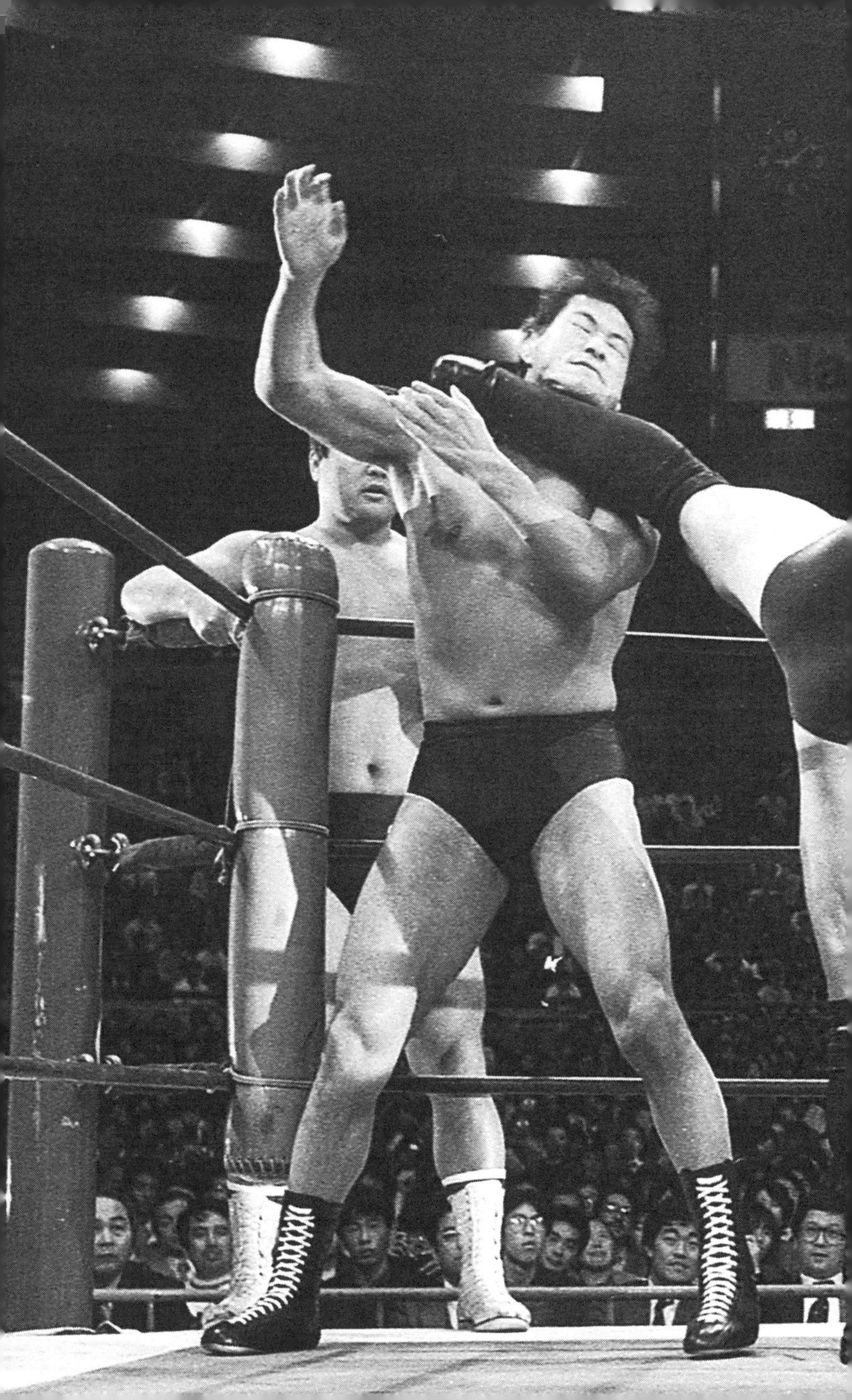

破るヤツが出てきたりな。宴会場のお膳はメチャクチャだし、布団を出してそこに吐くヤツもいて布団もダメにして、最終的には旅館がボロボロになったんだよ。でもって次の日、猪木さんが坂口さんに「おい、いくら取られた?」って聞いて、「400万円でした」って言われたら、「まあ、安かったな」って言ったというね。

前田　いや、小鉄さんは700万円って言ってましたよ。

藤原　ちょっと待て、最後まで聞けよ。坂口さんは400万円って最初に言われたらしいんだけど、後日社員の誰かがもう一度見積もりを取って、またそれを上に計上してやってたら、最終的には1000万円になってたって言ってたよ。みんな途中で懐に入れて。そういう会社だったんだよ。そりゃ、あんだけ客が入っても自社ビルなんて一向に建たないわけだよな。

長州顔面蹴撃で目論んだ「天龍革命よりすごい試合」

1987年3月、全日本プロレスと業務提携を結んでいたジャパンプロレスが分裂。同年4月から、長州力が小林邦昭、スーパー・ストロング・マシン、ヒロ斎藤、保永昇男ら軍団を率いて新日本にUターン。これによって、新日本にUWFと長州軍という2つの外様グループが存在することとなり、さらなる緊張関係を生むこととなった。

――新日本とUWFの業務提携2年目。1987年の春から、長州軍団が全日本から大挙して新日本に戻ってきましたけど、あの時はどんな思いがありましたか？

前田　それよりも俺は焦ってたんだよ。当時、テレ朝から降りてきた辻井（博＝テレビ朝日取締役、当時・新日本プロレス会長）さんが「UWFといっても視聴率は取れてないし、集客も伸びてないだろ。もう来年からは個人契約しろ」って言い出してて、「これはなんとかしなきゃアカンな」と思ってたんだよね。

――87年の6・12両国国技館では、IWGP決勝の猪木vsマサ斎藤が終わったあと、長州さんが藤波さんや前田さんに決起を呼びかけて始まる新旧世代闘争があったじゃないですか。

前田　だから、あれに乗っかっちゃうと「UWF解体、吸収」っていうのがセットでやってくるから、正直、乗りたくなかったんだよ。

――世代闘争は新日本もUWFも長州軍もごっちゃにして、ニューリーダーとナウリーダーに分けたわけですもんね。

前田　それでリングに上がって、一人ひとりマイクでしゃべることになったんだけど、俺の番になるまで「どうしようかな……」って思ってたんだよ。他の人が何を言うかな、それを聞いてから判断しようかなと思ってたら、藤波さんも長州さんも何を言ってるか全然わからないし（笑）。

藤原　お客がワーワー言ってて聞こえないんじゃなくて、滑舌が悪くて聞こえないだけだったよな（笑）。

前田　みんな何を言ってるかわかんないから、俺もアングルに乗って言うのはやめようと思って。それで「誰がいちばん強いか決めればいいんだ！」って言ったんだよ。

藤原　ま、お前もあんまり滑舌よくないけどな（笑）。

――前田さんは猪木vsマサ斎藤のあと、ああいうことが起こると事前に知ってたんですか？

前田　あれはちゃんと決まってたんだよ。「お前はこういうことを言え」ってセリフまで決まってたんだけど、勝手に全部すっ飛ばしたんだよね。だから俺がしゃべった瞬間、長州さんと藤波さんに思いっ切り睨まれたよ（笑）。

――「何を勝手なことを言ってるんだ」と（笑）。では、長州さん、藤波さんらと新世代軍みたいなことをするのは、前田さんにとって本意じゃなかったんですね。

前田　それをやっちゃうと、UWFが吸収されちゃうと思ってたからね。そうこうしているうちに全日本で天龍革命が始まって、話題がこっちに向かなくなったんだよ。プロレス記者もみんな「天龍革命はすごい」って書いて、そっちの記事がどんどん増えていってね。

――新日本の新旧世代闘争は、始まった時はすごいインパクトがありましたけど、尻つぼみでしたもんね。

前田　それで長州さんだったら体が頑丈だから天龍vs輪島みたいに、少々強く蹴っても大丈夫だろうなと思ったんだよね。

――あくまで新日版・天龍vs輪島のような激しい試合がしたかっただけだ、と。

前田　ただ、あの人は同じ在日で、箸にも棒にもかからないところがあるんだよ。俺に対してなんもしてくれないくせに、やたらと先輩ヅラしてくる。だからあの人は昔から、俺と試合をすると全然セールしないんだよ。それで俺もフラストレーションが溜まって、新日本vs維新軍の全面対抗戦（4対4綱引きマッチ、83年11月3日、蔵前国技館）で一騎討ちした時、長州力のスコーピオン・デスロックでギブアップしなかったんだよ。

――83年11月の長州vs前田がレフェリーストップ決着だったのは、前田さんがギブアップしなかったからそうなったと。長州さんとの因縁は、顔面蹴撃事件の何年も前からあったんですね。

前田　あったんだよ。それで天龍vs輪島みたいに蹴ってやれと思ってたんだけど。かと言って、あの顔面蹴撃事件って言われてる蹴り自体は、ケガをさせようとしたり、ノックアウトしようとした蹴りじゃないよ。その前の時点で、アゴに入れたハイキックはグラつかせてやれと思った蹴りだけど、顔面蹴撃と言われた蹴りは、ちゃんとおでこを狙ってたから。こっちがおでこを狙ったのに、怖がって下を向くから目に当たったんだよ。

――あの一撃に関してはあくまで事故だと。

前田　だってあれは前蹴り気味だし、全然腰を回してないしさ。チョンって足を出しただけ。これで怒らせて次につなげようと思ってやったんだよ。それでフラフラになりながらも殴ってきたから、「ほら、ここを殴れよ！　ここ！」ってやったんだよ。ケンカみたいな試合をしてやろうと思って。

藤原　お前、そういう露骨な言い方するなよ（笑）。

――藤原さんは、前田さんと長州さんのタッグマッチを見てどう思いましたか？

藤原　あのね、プロレスは闘いであり、どんな状況にも対応できる、それがプロであると。自分の身は自分で守るしかないんだよ。

前田　みんな勘違いしてるけど、プロレスのリングっていうのはホントに危険な場所で、たとえばサイコパスみたいなどうしようもないヤツがいて、「アイツ、鬱陶《うっとう》しいから殺しちゃおう」って思ったらできるんだよ。相手が大ケガしようが、たとえ死んでしまっても〝事故〟ってことにできてしまう。

藤原　だから、力をつけておかなければいけない。つまり抑止力だよ。相手に〝ピストル〟を持っていると思わせて、「コイツに変なことをやったら殺される」と思わせておかないとダメなんだ。だから俺は海外でミル・マスカラスとタッグマッチで3回くらいやってるけど、俺は1回も触ってねえんだよ。俺が出て行くとサッと代わってしまって。試合後、プロモーターが「どうして藤原と関わらないんだ？」って聞いたら、「アイツは危ないから」って言ってたらしい（笑）。

――さすがマスカラスは危機管理能力に長《た》けてますね（笑）。

藤原　前にも言ったように、ケンカが強いって噂があったブラックジャック・マリガンを俺がちょっと脅した時、その噂はレスラーの間であっという間に世界中に広まって、4日後にゴッチさんに会った時「お前、やったらしいな」って言われたからね。そうやって「アイツには気をつけろ」って思わせるのも抑止力だよ。

猪木、坂口の意向ではなかった前田解雇

――新日本に長州軍とUWFがいた時代は、お互い心の中で威嚇《いかく》し合っていたんですか？

前田　それをやっていたのは、俺だけだよ。危機感持ってたからね。

――顔面蹴撃事件の前月、10月5日の後楽園ホールで幻の長州vs前田一騎討ちがあったのは覚えていますか？　契約問題でテレ朝の放送に出られなかった長州さんのテレビ復帰戦の相手をファン投票で決めるという企画で。藤波さんと前田さんがほぼ同票の1位だったため、ミスター高橋さんがリング上でコイントスしてどちらかに決めるっていう形で、結局、藤波さんが相手だったんですけど。あれって、やっぱり最初から長州vs藤波って決まってたんですかね？(笑)。

前田　それは全然覚えてないね。でも、もしそこで長州さんとシングルでやっていたら、天龍vs輪島みたいなことになっていたよ。天龍さんを超えるような試合をしないと、UWFに注目を集めることはできないと思っていたから。

――すでにUWF解体の動きがあったわけですもんね。

前田　そうだよ。だから俺が長州さんを蹴ったあと、辻井さんが俺のところに来て、「お前には裏切られたよ」って言ったんだよね。

1987年6月12日、両国国技館大会の猪木vsマサ斎藤戦終了後、新旧世代闘争が勃発

ACATION

――顔面蹴撃事件で前田さんが謹慎処分になったあと、藤原さんは猪木さんにも話しに行ったんですよね？

藤原　「前田をクビにする」っていう話が聞こえてきたから、俺が坂口さんと猪木さんのところに行って、「なんとかなりませんか？」っていろいろ話をしてみたんだけど、「ならない」って言うからしょうがねえじゃん。

前田　トップの辻井さんがもうそんな感じだったから無理だよ。猪木さんや坂口さんがなんと言おうともね。

――前田さんの解雇というのは、猪木さんや坂口さんの意向ではなく、テレビ朝日からの出向だった辻井さんの意向だった、と。

前田　だって契約の話をする時って辻井さんしかいないんだよ。それで業務提携2年目の契約交渉の時、「来年はもう個人契約しかしない。業務提携は終わりだ」って言われたから、俺は「新弟子とかフロントの神や鈴木たちはどうしたらいいんだ」って考えたんだよ。俺はそこまでアイツらのことを考えてやったんだよ。それなのに（新生UWFになってから）アイツらは会社を乗っ取ったんだよ。恐ろしいでしょ？

藤原　だからお前が試合以外のCMやら、テレビ、イベントなんかで稼いだお金もアイツらの懐に入ったのか。かわいそうに。

前田　俺は体を張ってアイツらを守ったんだよ。ホントに。もう思い出しただけでムカムカしてきて寝れなくなるな。

藤原　新生UWFの話をするとものすごい興奮するな（笑）。

――謹慎中に前田さんはメキシコに行くっていう話があったじゃないですか。

前田　坂口さんから「メキシコに行け」って言われたんだけど、「無理です。行きません」ってハッキリ言ったんだよ。そしたら「お前、そんなこと言ってたらどうなるかわからないよ」って言うんで、「ああ、もういいです」って。だからもうクビになるんだろうなって思ったんだよ。

――長州さんにケガをさせたとはいえ、試合中のことであんなにあっさりと解雇されてしまうのかと思いました。

前田　俺自身、クビって言いながらもクビにはしないのかなと思ってたんだけど、実際に「クビ」って言われて「ああ、もういいや」と思ってさ。どうせそもそも「お前をモハメド・アリの弟子にしてやる」って言われて騙されて入ったんだから、イギリスにでも行って試合すればいいやと思ったんだよ。

――顔面蹴撃のあと、長州さんと話す機会はあったんですか？

前田　全然ない。

――猪木さんともない？

前田　猪木さんともないね。だから、あの後楽園が終わったらもうそれっきりだったよ。

87年11月19日、後楽園ホール。長州力&マサ斎藤&ヒロ斎藤vs前田日明&木戸修&髙田延彦の6人タッグマッチで、前田による長州力への顔面襲撃事件が起こり前田に無期限謹慎処分が下された。

当初は早期解決が期待されたが、年が明けても新日本と前田の溝は埋まらなかった。そして88年3月1日、新日本は緊急記者会見を開き前田の解雇を正式に発表した。なお、この会見の途中、前年から乱入を繰り返していた〝海賊男〟2名が会見場に現れ、新日本への正式参戦を要求。前田が解雇され、海賊男の参戦が決定。新日本の〝変節〟を象徴する一幕となった。

第四章　苦悩と裏切りの新生UWF

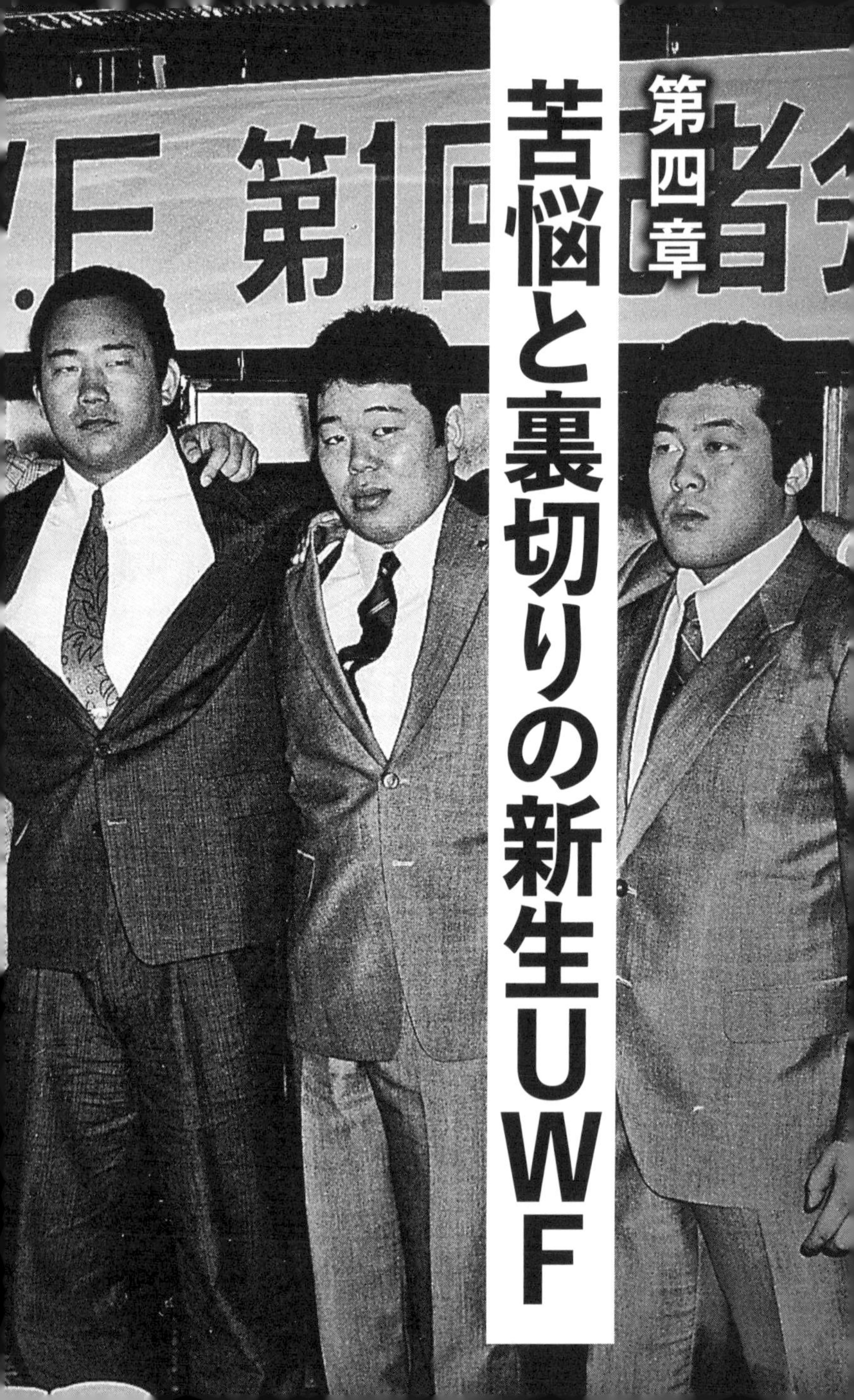

新生U.

前田の新日本解雇でUWFの新弟子はゼロに

――前田さんが新日本を解雇になったあと、どういった流れで新生UWFを旗揚げしようということになったんですか？

前田　徳島市の福田（典彦）さんっているでしょ。彼がすごい動いてくれたんですよ。

――UWFをずっと応援してくれていたフクタレコードの福田の大将ですね。

前田　徳島の福田さんが、マザーエンタープライズの福田（信＝現・会長）さんと話をしてくれてね。福田さんから「ハウンド・ドッグで押さえているような大きい会場を提供できるから、異種格闘技戦でもしませんか？」って言われて。UWFの事務所の人間だった神や鈴木も食わせなきゃいけないしと思って、そこから動き始めたんだよ。

――最初は新団体ではなく、前田さんの異種格闘技戦を目玉にした単発興行をやらないかという話だったんですね。そこから神社長たちが「団体でもやっていける」という話を持ち出したんですか？

前田　いや、それは違う。異種格闘技戦の興行を企画するなかで、選手が俺一人じゃダメだけど、最低でも髙田と山ちゃんを引っ張ってこれたら、団体でもいけるんじゃないかと俺が言ったんだよ。それで「いろんなところからお金を集めて8000万円ある」とでっち上げて、髙田と山ちゃんを説得してOKしてもらったんだよね。

――そこから宮戸優光、安生洋二、中野龍雄といった当時の若手選手にも声をかけたわけですか。

前田　宮戸、安生、中野もいろいろあってね。俺がクビになったあと、Fっていう『週プロ』の記者が道場にやってきて、「もう前田が新日本をクビになったんだからUWFは終わりだよ。新団体やるなんて無理だよ。外国人を呼ぼうにも新日本や全日本が妨害するに決まってるじゃん」って、いらんことを吹き込んだせいで、新弟子も含めてみんないなくなったんだよ。それを高田と山ちゃんが頑張って説得して、あいつらも引っ張ってきたんだよね。

――宮戸さんや安生さんは、「本当は新生UWFに行かずに新日本と個人契約するつもりだった」って言ってました。

前田　ウソだよ、あいつらだけで個人契約できるわけないじゃん！　新日本と業務提携した時、小鉄さんが俺になんて言ったと思う？　「お前な、なんであんなの新弟子にしたんだよ。無理だろ」って言われたからね。なんの取り柄もないし、運動神経と根性がある？　なんもないでしょ。なんか格闘技をやってたとか、そういうバックボーンがある？　なんもないじゃん。体が大きいの？　普通のヤツよりもちっちゃいじゃん。どうすんのって。だったらジャニーズみたいにハンサムなのかって。ガマガエルをひねり潰したような顔してんじゃん！

藤原　ガマガエルって、お前、それは俺のことを言ってるのか？（笑）。

前田　何を言ってるんですか。この前、藤原さんの若い頃の写真を見せてもらったら、えらい男前だったじゃないですか（笑）。

藤原　そうか？　ありがとう（笑）。

前田　で、小鉄さんから「あいつらどうするんだ？　新弟子はなんでもかんでも入れていいもんじゃないんだぞ。入れるなら一生面倒見るつもりで入れないと。ダメだと思ったら早く辞めさせることが本人のためにもなるんだぞ」って言われたんだよ。今のプロレスがプロレスごっこみたいなものに成り下がった要因は、俺自身にもあったんじゃないかと思ってるんだよね。あんな星名（治）とか安生、宮戸とかがリングに上がってたら、「あんなんでもできるなら俺でもできる」って誰でも思うでしょ。そう思わない？

――体が小さくてもレスラーになれるという前例にはなりましたね。

前田　ちっちゃいだけじゃないんだよ。運動神経もよくない、なんの取り柄もなくてもプロレスラーになれるって思わせてしまったんだよね。これは俺の欠点なんだけど、どんなのでも仲間として守らなアカンってなって、何も見えなくなっちゃうんだよ。ホントに。

藤原　星名は俺に毎年デコポンを送ってくるんだよ。

前田　俺には何も送ってこないですよ。

藤原　お前は嫌われてるからだろ（笑）。

前田　あいつらをしごいたことは全然ないですよ。中野と広松（智）はしごいたよ。あとのヤツはそれをやったら続かないから。

藤原　広松は競輪選手になればよかったよな。スクワットで200キロをカチャンカチャン上げてて、下半身強かったよ。

前田　デッドリフトで260キロ上げてましたよね。

藤原　だから「お前な、プロレスラーには向かないから競輪選手になれ。競輪選手のほうがよっぽど稼げるぞ」って言ったんだよ。身長は170センチ台だし、体重も80キロないくらいだったからな。

前田　ガンガン食わせても太らなかったんですよね。

――新生UWFを旗揚げする時は、宮戸、安生、中野も連れていかなきゃっていう思いだったわけですか？

前田　そう。小鉄さんに言われた言葉が頭にあったから、「ちゃんと面倒見なきゃいけないな」っていうことでね。俺自身が食っていくためだけなら、新日本をクビになったあともイギリスやゴッチさんのところに行けばいいやと思ってたし。でも、神と鈴木が「前田さん、どうするんですか？」って来るしさ。そうなると捨てていけないじゃん。そこまでやってるのにアイツらはね……。

――前田さんが新日本を解雇され、新生UWFを立ち上げる際、年上の藤原さんに相談したりすることはなかったんですか？

前田　その時は、藤原さんも木戸さんもすでに新日本と契約していたからね。藤原さんはもう40歳を過ぎていて奥さんもいて、家族があるからしょうがないと思って。

――前田さんの解雇に続き、髙田さん、山崎さんも新日本を辞めて、新生ＵＷＦができる時、藤原さんはどんな思いだったんですか？

藤原　俺は面倒くさいことが嫌いだからさ、もう団体を行ったり来たりするのはいいわと思ってたんだよ。

前田　俺が藤原さんに相談したらダメなんかなって最初に思ったのが、ユニバーサル（第一次ＵＷＦ）が休止になって、新日本に行くか全日本に行くかっていう時。俺が馬場さんと話したあと、「全日本は選手が飽和状態で俺と髙田以外はいらないって言われました」って言ったら、藤原さんが「だったら用賀のどっかに特設リング建てて（興行を）やればいいじゃねえか」って言うから、「そのお金はどうするんですか？」って聞いたら、「そんなの知らねえよ！」って言われた時だね（笑）。

藤原　お前、さっきもその話しただろ（笑）。

前田　だから俺は自分から先頭に立ってやろうと思ってたわけじゃなくて、誰もやらないいんだからしょうがないじゃん。俺しかやる人がいなかったんだよ。

――ホントは藤原さんに先頭に立ってほしかった、と（笑）。

前田　そう。

藤原　いやいや、俺にそんな力はないよ。俺は己を知ってるから（笑）。

前田　それで気がつけば俺が先頭だったんだよ。当時の高田に会社のことを考えさせるのも無理だし。こっちが頼んで入ってもらったからね。

自分が社長だと思ってる人間ばかりだったUWF

88年4月8日、赤坂東急ホテルで「第1回記者会見」が開かれ、新生UWF旗揚げが正式に決定した。

知名度のある選手はエースの前田と髙田、山崎の3人だけで、そこにまだ若手だった中野龍雄、安生洋二、宮戸成夫（優光）を加えた所属選手わずか6人での船出。当時プロレス団体経営の命綱と言われた地上波全国ネットのテレビ放送もなく、その前途は多難と思われた。

しかし蓋を開けてみると、前田への期待感から旗揚げ戦5・12後楽園ホール大会のチケットは即日完売。懇意にしていたハウンド・ドッグのプロダクション、マザーエンタープライズから音楽業界のノウハウを学び、プロレスでは当たり前だった地方巡業を取りやめ、月に一度のペースで大都市の大会場で開催するイベント方式を採用。テレビで放送されないUWFの試合を観るために全国からファンが会場に詰めかけた。

そして従来のプロレスとは違う、本格的なキック、サブミッションを中心とした格闘スタイル

のプロレスはメディアにも多く取り上げられ、ＵＷＦは瞬く間に社会現象と呼ばれるまでのブームを巻き起こした。

――前田さんは新生ＵＷＦを始める際、きっと成功するはずだっていう思いはありましたか？

前田　全然思ってないよ。新日本をクビになったから、最後に自分たちがやりたいことをやるだけやって、それで花火みたいにパッと咲いて散ればいいじゃないかっていう感じだったよ。新生ＵＷＦもそうだし、その後のリングスもそう。成功するなんて夢にも思わなかったよ。

――藤原さんは新生ＵＷＦをどう見ていましたか？

藤原　外から見ているぶんにはわからなかったけど、（旗揚げの1年後に）自分が入ってからは、またいずれ壊れるだろうなとは思ってたよ。

――そうなんですか？

藤原　だってな、ＵＷＦは「そうはいくかい！」「俺がいちばん正しいんだ」っていうヤツばかりだったから。本当の意味でのチームワークなんてないもんな。会社っていうのは、それぞれの立場で違う役割があって成り立つものだけど、ＵＷＦみたいに自分が社長だと思ってるヤツばかりじゃ仕事にならねえだろ。

――なるほど。かつての新日本みたいなピラミッド構造にはなってませんでしたよね。新生ＵＷＦ旗揚げ1年後に藤原さんが移籍する時は、どういった経緯があったんですか？

前田　俺から連絡したんですよ。

藤原　でも、俺は「面倒くせえからいいよ」って一度断ったんだよ。また新日本とUWFで揉めるのも嫌だったしね。だけど新日本との契約更改の時、金額はともかく「君程度ならこれくらいでいいだろう」って言われたんだよ。名前は言わないけど、倍賞鉄夫な。

前田　倍賞さんにそんな言い方されたんですか？

藤原　そうだよ。あっちは俺と同じ歳だよ。あの野郎、偉そうに。

――言い方がありますよね。新日本はあの時、テレビ放送がゴールデンタイムから外れて苦しい時期でしたけど。

藤原　俺はたいしたことない人間だけど、「君程度」とまで言われてやってられるかいと思ってな。それで今度は俺のほうから前田に電話して、「もし俺が必要だったら使ってくれ」って言ったんだよ。前田に必要とされなければ、ラーメン屋でもやろうと思ってたな。

――第一次UWFに移籍した時と、基本的に理由は同じですね。

藤原　そうだよ。あん時もクーデター騒動で「俺はこの会社に必要ない人間なんだな」と思ったけど、浦田さんが「必要だ」って言ってくれたからUWFに行ったんだ。俺は団体に必要とされる人間でありたいし、必要じゃないのにお情けで雇ってもらうのも嫌だからね。それだけの話。で、俺に失礼なことを言ったヤツはだいたい早死にな（笑）。

――前田さんからすると、UWFも1年やって会社にも力がついてきたので、「今なら藤原さんを迎え入れることができる」という感じだったんですか？

前田　そうそう。藤原さんのギャラも払えるようになったなって。

藤原　俺はそんなたいしたギャラじゃないぞ（笑）。

前田　あとは経営を安定させるために、新しい話題やマッチメイクも必要だし。藤原さんに力になってほしかったんだよね。

藤原　短い期間だったけど、前田にはホント世話になったよ。

"水原一平"が10人いた前田の周辺

――藤原さんの移籍と同じタイミングで、船木（誠勝）さんを新日本から引き抜いたわけですけど、それ以外にも狙っていた選手はいたんですか？

前田　鈴木なんかは、ハッキリ言うとおまけだったんだよ。

――鈴木さんは「新日本の若手時代、自分から『UWFに入れてほしい』と言いに行ったんだけど、一度は断られた」と言ってました。

前田　いや、自分からは言ってきてないよ。山ちゃんが「今、新日本で鈴木っていうのが若くていいんで、鈴木に来る気があったら入れましょう」って言ったんだよ。鈴木って、アイツはホラが多いよ。

――そうなんですか（笑）。

前田　こないだ、なにげにアイツのブログを見たら、俺に四六時中殴られてたとかさ、どの口が言うんだよ。俺と藤原さんが〝どえらい昭和の怪物戦犯〟みたいになってるんだよ。

藤原　いや、お前はどえらい怪物だよ。アンドレを返り討ちにしたんだから、立派なもんだよ。

――船木、鈴木の入団でUWFはカードのバリエーションも増えて活性化しましたけど、前高山（前田、髙田、山崎）と若手の間に壁もできてしまったんですよね？

前田　それも原因は『週プロ』のFなんだよ。

――そうなんですか？

前田　あいつがあることないこと言って二人を焚きつけてね。

藤原　ああ、なんか妙に口出しするのがいたよな。「お前、関係ねえだろ」って。

前田　あの頃は記者が間に入って、新日本と全日本からカネをもらって「アイツらをバラバラにさせて潰せ」って言われてんのかなっていうぐらいにさ、あることないことを船木たちに吹き込んでたんだよ。そうやってバラバラにさせようとしてたんだよね。今でも記者の顔を何人か思い出すよ、Fの年代のヤツ。あと、もう一人いたじゃん？

――Yさんですかね？

前田　そう。あれがガンだったよ。

藤原　あー、いたなあ。もう死んじゃった？

――いや、生きてます（笑）。

前田　Yは船木とかにあることないこと吹き込んで揉めさせた典型だよ、典型。

藤原　そういや、俺も前に本（『幻の藤原ノート』）を出す時にそいつのインタビューを受けて、できた原稿を確認したら、俺が「こうだ」って言ったことを勝手に書き直してるんだよ。お前になんの権限があるんだよ、それじゃ俺の本にならねえだろって。

前田　変なライターがいっぱいいたよ。あと文藝春秋の元記者が書いたUWFの本があったでしょ？

――柳澤健さんの『1984年のUWF』ですね。

前田　あれにUWFは実は全然儲かってなくて会社にカネがなかったみたいなことが書いてあったけど、全然事実と違うよ。そのあと鈴木（浩充＝元UWF専務）が自費出版で本を出して、解散する時に会社の通帳に5億円ぐらいあったって書いてるんですよ。

藤原　そのカネはどこに行ったんだよ？

前田　神と鈴木で山分けですよ。俺が新生UWFの頃にテレビ出演や講演会、サイン会をやるたびに神たちが「会社にお金が足りないです」って言うから、アイツらは何もやってないのに会社に半分やったよ。ホントだったら、俺はあの頃が人生でいちばん稼いだ時期だよ。

――サントリーや西武百貨店といったメジャーなCMにも出てましたもんね。

前田　そうだね。西武だ、サントリーの缶コーヒーだって当時CMのギャラで6000万円くらいあったんだよね。それで給料は月120万円だよ。挙句の果てには「ちゃんとやります。任せてください！」って言いながら、会社を乗っ取ってさ。

藤原　あ～、この世界に入るんじゃなかったな。ヤクザ組織と一緒じゃねえか（笑）。まあ、俺も藤原組時代にずいぶんと騙された経験があるけどな。

前田　俺らは人がよすぎますね。鴨がネギしょって、自分から鍋に飛び込んでるようなもんですよ（笑）。

藤原　食い物にされておしまいかい？

前田　当時の自分を振り返ると、もう次から次へとカネに目が眩んだ連中が出てきて、今の大谷翔平の10倍大変だったよ（笑）。

――水原一平氏の1号、2号、3号みたいな感じですか？

前田　もう一平の10号ぐらいまでいたよ（笑）。

藤原　一平、二平、三平ってな。

――若い頃の前田さんって、会社が変わるたびにそんな感じが少なからずありますよね（笑）。

前田　ホント、毎回そんな感じだよ。

――そういったことは刑事事件になったりはしないんですか？

前田　わかった時にはもう時効だとか、訴えられないようにいろんな仕掛けをしてるんだよ。神たちの場合は、俺が「何かおかしいな……」って動き始めたら、カネをくすねようっていうヤツ

U.W.F.全試合 JSB(BS-3ch)で独占放送決定!!
WOWOW

の典型で、誰に対しても「アイツはすごいヤツだ」って言われるようにするんですよ。それで神たちの場合は、俺の知らないところで「前田はこんなところがあって」って、こんな小さい話をこんな大きく話したり、まったくない話をしたりとかして。それで俺が「神たちがおかしい」って言った瞬間に、たとえば道場を提供してくれていた第一自動車運送の寺島（昌一）社長は「おかしいのは前田くん、君でしょ。神くんたちがどれだけ苦労してるかわかってるでしょ」って言ったんだよ。俺も「えーっ!?」て思ってさ。

――ＵＷＦの古くからの支援者で信頼していた人ですよね。

藤原　人の話をすべて鵜呑みにしちゃダメだっていうことだよな。

前田　神たちはもう完全犯罪だったんで。俺が「旗揚げする時に『権利を五等分しような』って言ったじゃないか」と言っても、「そんなの聞いてません」って。だったらなんで俺はお前らの会社に所属せなあかんの。俺らの名前と稼ぎで金儲けしたんでしょって。

――そういうトラブルの際、藤原さんに相談することはなかったんですか？

藤原　俺なんか岩手県の田舎の農家から出てきた人間だから、そんなの知るわけないし、聞かれても困るわな。俺は世間知らずだからアドバイスのしようがないからね。

前田　俺の場合、相談するとしても相手が田中正悟で、今考えると田中正悟も同じようなことをやってるんだよ（笑）。

――二重でやられちゃってるわけですか（笑）。では、当時から他の選手には相談してなかったんですね。

前田　いや、髙田や山ちゃんには言ってたよ。でも、二人も最初は「あの神や鈴木がそんなことをするんですか？　何かの間違いでしょう」って、混乱してたからね。俺はそこからやってたんだよ。

――いちばん近い髙田さんと山崎さんの誤解を解くところから始めなきゃならなかった、と。

前田　だからまさかそんなことをやってるなんて思わないじゃん。考えてもいないし。

山崎がいたから成り立っていたUWF

――旗揚げ当初は、大会場だけの月イチ興行という形式や、演出面や経営戦略も前田さんたちと神さんたちが一緒に考えていたんですか？

前田　ああいうのはすべてマザーエンタープライズの福田さんが考えてくれたんだよ。あとは当時コンサートとかを後援していたニッポン放送の人たちが応援してくれて。俺の人脈であるあの人たちのアドバイスで神たちは動いていたんだよ。

――そういった斬新な戦略もあって、新生UWFは旗揚げから2年くらいは空前のブームでしたよね。

前田　ニッポン放送もバンバン宣伝してくれるしさ。それで当時ニッポン放送はフジテレビの親会社だから、フジもバーッと宣伝してくれたし。まあ、いろんな人がやってくれたおかげですよ。

――当時、UWFは社会現象と呼ばれるほどのブームになる一方、プロレス界は「冬の時代」と言われていたじゃないですか。なのでファンもUWFにマット界を託していたようなところがありました。前田さん自身、「プロレス界のためにも自分がやらなきゃ」っていう思いはありましたか？

前田　そういうのもまったくないかと言えばあったんだけど、それ以前に「ちゃんとみんながメシを食えるように」っていう思いで必死でしたよ。だから毎回、どれぐらいお客が入ったか気になっていたし、会社のためにいろんなこともしたし。俺だけが目立ってもダメだから、高田をプッシュしたり、山ちゃんをプッシュしたり。でも、基本的に山ちゃんはつらい役が多かったんだよ。山ちゃんがいたからこそUWFが成り立っていた部分があるんだよね。

――トップ3の一角ではあるけれど、事実上3番手である山崎さんが、時には若手の壁になったり、若手や外国人を上げるための踏み台になったり。

前田　そう。団体のためにやってくれていたから。

――前田さんはマッチメイカーの観点から見て、藤原さんにはどういう考えを持ってたんですか？

前田　俺はちゃんと先輩を立ててたよ。

――藤原さんも納得のオファーでしたか？

藤原　あのね、与えられた仕事をしっかりとこなすのがプロだから。それは新日本の時から一緒だし、今もそう。UWFの時も一緒だよ。

――「UWFには格がない」ということを打ち出していたので、当時は試合になると若い選手がかなりガンガン来たんじゃないですか？

前田　俺なんか藤原さんから教わったとおりにやっただけだよ。ホントに。ガンガン来たらガンガン返せばいいだろって（笑）。

藤原　それも昔から変わらないな。

前田　そのために練習するんだよ。田村（潔司）だって、ガンガン来たからこっちもガンガンやっただけだよ（89年10月25日、札幌中島体育センターで行われた前田vs田村戦で、前田のヒザ蹴りで田村は眼窩底骨折となり1年の長期欠場）。

――しっかり応えてあげたと（笑）。

前田　他のヤツも俺に対して文句があるならリングでやればいいじゃん。その勇気もないから悪口ばっかり言ってるんだよ。

――では、田村さんが向かってきたことに対しては評価してるんですね？

前田　評価してるよ。あの時、田村もかわいそうだったんだよ。試合前、船木と鈴木が田村を焚きつけてたんだよ。「前田さんはやっても何も言わない人だからやればいいんだよ」って。俺は何も言わないよ。だけど来たらやるよっていうだけだよ。「こんにちは！」って言われたら「こんにちは！」って返すじゃん。それと同じだよ。

――挨拶だったんですね（笑）。

前田　俺は礼儀正しいから（笑）。

――藤原さんにガンガンいく選手はいましたか？

藤原　いたかな？

――僕が船木さんに聞いた時は、藤原組の後期に鈴木さんがガンガン一本狙いにいったと。当時、藤原さんは営業で忙しくて練習もままならない時期で鈴木さんの技がほとんど極まってるのに藤原さんは最後までギブアップせずに30分時間切れ。「あれは意地でも極めさせないっていう感じでした」と言ってました。

藤原　俺は道場でもアイツに1回もまいったしてないんだよ。道場で1回も勝ててないのに試合で勝てるわけがねえじゃねえか、バカヤローが。

――藤原さんは鈴木さんとのスパーリングでは、ヒザ十字を極められかけて膝の靭帯を痛めても逆に極め返したんですよね？

藤原　あれは俺がヒザ十字を教えたばっかりの時だったんだよ。「こうやってやるんだよ」って教えてたらパッと入ったんだよな。それで膝の靭帯がブチブチってなったんだけど、「コイツにまいったしたら『藤原に勝った！』って一生言われるよな」と思ってさ。意地でもまいったせずに脱出してたな。その時、たぶん靭帯が切れちゃってたんだろうな。俺は病院が嫌いだから検査も何もしなかったけど、それ以来、ヒザがまったく伸びねえんだ。それでも鈴木に一生「藤原に勝った」って言われ続けるよりマシだよ（笑）。

前田　当時はそういうもんですよね。

メガネスーパーへのUWF売却を拒否

旗揚げ2年目の89年8月から眼鏡販売の大手、メガネスーパーが冠スポンサーとなり、新生UWFは横浜アリーナや東京ドームといった大会場でのビッグマッチ開催が可能となり、その人気はピークを迎えた。

しかし翌90年、そのメガネスーパーが巨額資金を投じてプロレス団体SWSを設立。これによって従来のプロレス団体と一線を画していたUWFとSWSとの業務提携話が発生したため、前田をはじめとした選手とフロント経営陣の不協和音が表面化してしまう。

——89年の夏からメガネスーパーが冠スポンサーについて、よりビッグマッチが行えるようになった一方で、内部分裂につながる火種にもなってしまいましたよね。

前田　2年目に入って、俺が「会社の株はどうなってるんだ？」とか騒ぎ出したんで、神たちがヤバいと思って、UWFをメガネスーパーに売ろうとしたんだよね。

――前田さんもメガネスーパーの田中八郎社長（当時）とは、もちろんお会いしてますよね？

前田　会ったし、小田原の家まで行ったよ。なんか家というより小さめのホテルじゃないかっていうぐらいのデカい豪邸で。当時、息子がF3のレーサーをやってたんだよね。

藤原　あの息子さんはレーサーだったの？

前田　メガネスーパーがスポンサーになって息子をF3に乗せてたんですよ。

藤原　ああ、そういうことか。

前田　地下に巨大倉庫があってさ、「ここは要塞なんか？」っていうくらいの大冷蔵庫だったよ。

藤原　あそこの冷蔵庫はデカかったなあ。

前田　10畳くらいありましたよね？

藤原　10畳じゃきかねえだろ。

前田　もうありとあらゆる食材があってね。

藤原　それから競泳用のプールが2レーンあるんだよ。1カ月の電気代が200万円とか言ってたな。

前田　それでシェパードを何頭も飼ってて、家を出る時は庭に放し飼いにしてるんだよ。で、俺らが行ったらシェパードが「ウ〜ッ！」ってうなってるんだけど、田中八郎社長がパッと見た瞬間におとなしくなるんだよ。

――そういう大きなスポンサーがついていたら、本来であれば安泰じゃないですか。

前田　田中社長はすごくよくしてくれたんだけど、それはUWFを丸抱えしようとしてたからなんだよ。でも、俺は途中で「あっ、神たちは会社を売るつもりだな」とわかったんで、俺が「契約しない」って断ったから、田中社長は神たちに「話が違う」って怒ったんだよね。

――前田さんは、UWFがメガネスーパー傘下になることへの一番の心配はなんだったんですか？

前田　メガネスーパーにUWFが売られて、神たちだけが売ったお金をもらって、選手たちはいったいどうなるんだってことだよ。俺がUWFのマッチメイカーのままなら、自分たちのやりたいようにできたかもしれないけど、それもどうなるか不透明だったし。

――プロレスのスタイル的に、天龍さんたちとは一緒にできないということではなかったんですか？

前田　田中社長も「（メガネスーパー傘下になったあとも）君たちがやりたいようにやればいい」とは言っていたけど、「集客が必要な大きなイベントでは、天龍さんたちと試合をしたり、普段のUWFとは違うこともやってほしい」と言われてたんだよね。

――のちの藤原組が、SWSの東京ドーム大会に出場したのと同じことになっていた可能性が高いんですね。

前田　おそらくね。

――藤原さんは、田中社長とはUWF時代にお知り合いになったんですか？

藤原　ＵＷＦのおしまいの頃に呼ばれたんじゃないかな。俺はもうＵＷＦがゴタゴタしてたんで、一人でやっていこうと思ってたんだよ。そしたら田中社長に呼ばれて、「出資するから会社をつくりなさい」と。「その代わり、船木と鈴木を引っ張ってくれ」って言われたんだ。でも、俺はあいつらに頭を下げるのなんて嫌だし、口ベタだからどうしたもんかと思ってな。そうしたら、その２～３日後に船木と鈴木が俺んところに来たんだよ。

――91年1月7日に行われた前田さん宅の選手会議が決裂して「解散」となったあと、船木さんと鈴木さんが藤原さんの自宅に行ったんですよね。

藤原　俺は選手会議に参加してないから、そんなことになってるなんて知らねえしさ。俺の家の前に朝早くから車が停まってて、中にあいつらがいたから、「おっ、どうしたんだ？　まあ、入れよ」って家に入れてやったんだよ。そしたら「ＵＷＦが解散になりました。なんとかしてください」って言うんで、「ああ、そういえば田中社長に言われてたな」と思い出して、すぐ田中社長に電話したんだよ。そしたら「お金は用意するので、すぐに会社をつくりましょう」ってことで、ババババッと一気に藤原組の旗揚げが決まったんだ。

前田　藤原さんが、船木たちに話して動いてたんじゃないんですか。

藤原　動いてねえよ。俺はそんなこそこそ動くの嫌いだもん。田中社長に「船木、鈴木を引っ張りなさい」って言われて、そのタイミングでたまたまあいつらが来たからそうなっただけでね。しかも、田中社長が俺に言うんだよ。「ＳＷＳはイメージがあまりよくないので、あくまで別会社であなたの会社をつくりましょう」って。自分でカネを出すのに、そこまで気をつかってくれたんだよ。

前田　当時、ターザン山本がSWSを「金権プロレス」って言って、さんざん叩いたんですよね。

藤原　しかも、あれは馬場さんからお金をもらって書いてたんだろ？

前田　いや、知ってます？　ターザンの本（『「金権編集長」ザンゲ録』）を読んだら田中社長からも400万～500万円もらってるんですよ。

藤原　あっ、そうなの？

――田中社長がSWSを畳もうと決めた時、「もう悪くは書かない」という約束で口止め料のような形で、毎月50万円を1年間もらっていたと書かれてましたね（笑）。

藤原　あーあ、バカバカしくなるな。この業界、そんな話ばっかりじゃねえか。

「俺がアイツらに何をしたって言うんだよ！」

90年10・25大阪城ホール大会のメインイベント終了後、前田は「UWFを潰す動きがあれば、外部であれ、内部であれ、徹底的に闘っていく」と発言。一部社員に会社経理における不正疑惑があることを主張した。これを受けて翌26日に神新二社長が緊急記者会見を開き、前田の発言は会社への背任行為として5カ月の出場停止処分とすることを発表した。

これによって新生ＵＷＦの分裂や前田の追放が噂されたが、同年12・1松本運動公園体育館大会の全試合終了後、船木の呼びかけにより出場停止処分中の前田を含む所属全選手がリングで万歳三唱を行い、選手間の一致団結をアピール。これによって神社長は団体継続は困難と判断し、所属全選手の解雇を発表。新生ＵＷＦは事実上崩壊した。

そして選手たちは新会社を設立し、翌91年3月に再出発するべく動き出したが、その矢先の91年1月7日、前田の自宅マンションで行われた選手会議が紛糾。結局、前田がその場で新生ＵＷＦ解散を宣言すると選手はバラバラになり、最終的にＵＷＦは藤原組、リングス、ＵＷＦインターナショナルの3派に分裂してしまった。

――田中八郎社長が藤原さんたちに声をかける一方、前田さんは選手をまとめて新会社でＵＷＦを再出発させようとしていたわけですよね。

前田　だけど正月の会議の時に選手たち以外にシンサック（・ソーシリパン）の奥さんも入ってて、あれが神たちが仕込んだ時限爆弾だったんですよ。

藤原　あの人はそうだったのか。全然知らなかったな。

――シンサックさんはムエタイのコーチで、奥さんは神社長の個人的なアドバイザーみたいな感じだったんですよね。

前田　そう、占い師でさ。興行日程を占ってもらったり、神はかなり頼ってたんだよ。

――その時点でだいぶ怪しいですけどね（笑）。

前田　で、その正月の会議で俺がいろんなことを発表したんですよ。次のUWFは新橋商事というスポンサーがついて、会社の株を30％くらい渡す代わりにUWFに投資してくれると。それにプラスしてWOWOWと契約して独占放送させて、横浜アリーナや日本武道館なら1興行で4000万円、他の会場なら3000万円という放映権料が出る、と。そうなれば、みんなのギャラも大幅にアップできるじゃん。

――新生UWFはそれまでビデオ販売だけでしたから、大幅増収になるわけですもんね。

前田　本来、みんなにとっていい話じゃん。そしたらシンサックのおばはんが、いきなり「話が違う！」って言い出して。そしたら周りの選手たちもざわざわし始めて、俺は「えっ、なんで？」って思うじゃん。で、髙田はUWFを再出発させるにあたって、「僕は会社経営のことはわからないし、人脈もないので、前田さんにお任せします。僕は道場をまとめてますから」と言ってたのに、「どうなってんねん？」って聞いたら、「僕もわかりません」って。

――選手のほうは新団体旗揚げに関することを、前田さんに任せるっていう話に全然まとまってなかったと。

前田　じゃあ、その間に髙田が何をしてたかっていうと、俺の知り合いの歯医者の仲間のヤツから5000万円引っ張ってたんだよ。それがUインターを旗揚げする資金になってるわけじゃん。5000万円なんていうカネはすぐに引っ張れるわけがないから、それは前から話をしてたから

1990年12月1日、松本運動公園
体育館大会の全試合終了後の控室

U.W.F.
U.W.F.
U.W.F.

でしょ？

――では、前田さん的には計画的に一人にさせられたっていう感じですか？

前田　計画的しかないやんけ。正月の会議の前、選手が全然まとまってなかったから、俺が山ちゃんと髙田に「今日はあいつらに危機感持たせるために『解散！』って言うから、あとは頼むよ」って言っておいたんだよ。そうしたら何をするかわかるじゃん。

――解散宣言をブラフですることで、逆に「一致団結してやっていきます」という流れに向かわせようと。

前田　それで「解散！」って言ったその日の晩、「どうなった？」って髙田に聞いたら、「もうみんなバラバラで全然ダメです」って言われて。その翌日聞いたら、「宮戸や安生も含めて、みんなが別に新しい団体をつくってやると言ってます。自分も生活があるんで、そっちでやると思います」って言ったんだよ。

――それがのちのUインターだと。

前田　で、それから10年以上経ってHERO'Sで船木と再会した時、「あの時、どうだったんだ？」って聞いたら、会議の翌々日に船木が髙田の家に行って、「前田さんはどうなるんですか？」って聞いたら、「(プロレスを)やめるんじゃない？」って言ったらしいんだよ。もう信じられないよな。

藤原　そんな人を陥れてまでやるとか考えないもんな。俺は親父やおふくろから、そんなふうに教わってねえもん。

前田　俺だってそうですよ。

藤原　ホントかよ？

前田　ホントですよ。俺、誰かを騙したことあります？

藤原　だいぶ女を騙したじゃねえか（笑）。

前田　何を言ってるんですか。向こうがパンティーを脱いできたらしょうがないじゃないですか（笑）。

藤原　まあ、そりゃそうだな（笑）。

――そういう話はともかく（笑）。僕もＵＷＦ解散の顛末《てんまつ》についてはいろんな選手に取材したんですが、もともとは前田さん、髙田さん、藤原さんたち抜きで、若手だけで新団体をやるという話がまとまっていたらしいんですよ。

前田　若手だけでやるっていうのは誰がエースになるの？

――船木さんですね。でも、船木さんと鈴木さんがまず藤原さんのところに行ってから、船木さんが宮戸さんに「藤原さんと一緒にやりましょう。メガネスーパーに入れば、選手全員引き取ってもらえます」と持ちかけた。けれど、宮戸さんは「藤原さんがいるんじゃ若手だけの団体じゃなくなる。また上の人の言うとおりになる」ってことで断ったという。

藤原　若手だけでやるって言ったって、アイツらだけで客が入ると思うか？

――そうなんですけどね。それで結局、船木さん、鈴木さんが藤原さんのところに行くことになり、若手だけの新団体でエースをやる人がいないってことで、宮戸さんと安生さんが髙田さんに声をかけた、と。

前田　そんなの宮戸が新団体やるカネを集められると思う？　俺だって新しいUWFをやるのに資金集めから始めたんだよ。そんなの髙田がもともと動いてなきゃ、できるわけないじゃん。俺はUWFが解散になってから、新会社で再出発するまでの間、みんなが無収入になるから、母親に家を買ってやろうと思って貯めてたカネまで出して、自分のカネで選手にギャラを払ってたんだよ。それで別の団体に行ったんだからカネを返してくるならともかく、いまだに返してこない。

——誰か返しに来た選手はいたんですか？

前田　山ちゃんだけだよ。あとは誰も返してない。

藤原　あー、こういう話を聞くと生きるのが嫌になってくるな。

前田　全財産を使ってさ、みんなのためにやってんのになんで俺がこんな目にあわなきゃいけないんだって。どんな仕打ちなんだよ。俺がアイツらに何をしたって言うんだよ！

「リングスをやって、ようやく心の傷が癒えた」

——そうして前田さんが一人になった時、いろんな人が「前田日明を助けよう」ということで立ち上がってくれましたよね。

前田　俺は「なんでこうなったんだろう？」って全然わからなくてさ。何日もずっと家にこもって考えてたんだよ。気がついたら朝になってて、気がついたらまた夜になっててっていう繰り返しで、メシも食わずにずっと考え込んでてね。そしたら今のすき家の社長である小川さん（株式会社ゼンショーホールディングス会長兼社長・小川賢太郎）が心配して、俺を呼び出してくれたんだよね。そして「キミは小さい時から体を動かしながら生活してきたんだから、閉じこもっていろんなことを考えるのもわかるけれど、とりあえず体を動かしてみたら？」ってことで、あのリングスの道場を借りてくれたんだよ。

——横浜市鶴見にあった前田道場。あそこは広くて立派な道場でしたよね。

前田　70坪だよ。なかなかない。そこで一人で練習してると、いろんな人が訪ねてきてね。たとえば、坂東商会の坂東（正明）さんっていうレーサーの土屋圭市の師匠が「練習してるんだって？　ちゃんこ一緒に食べようよ。一人で食べるのもさみしいでしょ」って訪ねてきて。坂東さんが帰る時、封筒を渡してくれて中に300万円くらい入ってたんだよ。「これは返す必要がないお金だから。次、何かある時に使ってよ」と言ってお金を置いていってくれたりとか。いろんな人に助けられましたね。自宅に中島らもさんからＦＡＸが届いて、「キミには挫折する権利がない。頑張れ」って書いてあって励まされたりね。

——そうやって、一人でリングスを立ち上げる気力が徐々に湧いてきたわけですね。

前田　俺はリングスをやって、ようやく心の傷が癒えたんだよ。こないだフェイスブックを見たら、ヴォルク・ハンは今スイスにいて、昔のイギリス貴族みたいな大豪邸に住んでるんだよ。それで長男と庭で飲みながら俺に動画のメッセージを送ってくれてさ。ロシア語なんだけどだいたい身振り手振りで何を言ってるかわかるんだよ。そこに日本語に翻訳した字幕もついていて、「リングスに参戦した選手たちはみんなあなたを尊敬し、感謝してます」って書いてあったんだよね。俺は日本人からは散々だったけど、リングスの外国人はこんなふうに言ってくれる人たちもいるんだよ。

――リングスで人生が変わった外国人選手はたくさんいますよね。

前田　ハンなんて出会った時はソビエト連邦陸軍特殊部隊の軍事教官だったんだけど、ペレストロイカで国の経済が疲弊して軍隊の給料も出るか出ないかで大変だったんだよ。

――ソ連崩壊直前の頃ですもんね。それがプロのファイターとして花開いて。

前田　あと（ウラジミール・）パコージンや（ニコライ・）ズーエフがリングスのロシア大会をやった時や、（クリス・）ドールマンがオランダ大会をやった時も、こちらはべつにフランチャイズみたいな形で大会をやらせてお金を取るつもりはまったくない、と。総合格闘技がこれからどうなるかわからないし、選手も育てなきゃいけないから、ロシアはロシア、オランダはオランダで日本でやってるような独立興行形態を敷いて、自分で会社をつくって大会を開いて収益を得て、そうやって自分たちの収益を増やせばいい。そのために必要なノウハウは援助するからってことで、俺は全部応援したんだよ。

――リングス・ロシアやリングス・オランダが、独自に活動できるようにしたわけですね。

前田　だから（海外の）大会終了後には、関係者がみんな俺んところに来て、「ありがとう！　キミのおかげで選手たちが生きていく場所ができた。どれだけ頭を下げても下げきれないくらい感謝するよ」と言ってくれたんだよ。

――総合格闘技黎明期である90年代におけるリングスが果たした役割は大きいですよね。

前田　（エメリヤーエンコ・）ヒョードルにしたって、リングスがなかったら出てこられなかったよ。ピーター・アーツだってそうだよ。だからアーツは会うと今でも言うよ。「マエダに初めて日本に呼んでもらったんだ。あれが最初のスタートだった」って。俺はそうやって言ってもらえて、ようやくここまで頑張ってきてよかったな、俺がやってきたことは無駄じゃなかったんだなって思えるようになったんだよ。

藤原　まあ、いろんなことはあとになってわかるんだよな。

――藤原さんも「藤原組はいい経験になった」と話されてましたよね。

藤原　も〜う、いろんな勉強をさせてもらったよ。苦労はしたけれど、あの経験は何事にも代え難い。あれがあったから、「もう俺は一人でやっていったほうがいいや」って決心もついたしな。だからいちばん勉強したことは、人を信じるなってことだな（笑）。

前田　俺たちはお人好しすぎましたよね（笑）。

藤原　でも、苦労はしたけれど、いろんな人に助けてもらった感謝は忘れちゃいけない。だから俺は今でも田中八郎さんには感謝しているよ。墓参りも欠かしてないしね。

前田　そうですよね。いろんな人の助けがなかったら、立ち直れなかったなって思いますよ。

終章

闘魂の遺伝子

1992年3月13日、京王プラザホテルで行われた新日本20周年パーティ

新日本の道場イズムは〝俺たちの時代〟で終わり

――今回この本では、新日本からUWFまでの歴史を振り返ってもらいましたけど、その原点はやはり野毛の新日本プロレス道場ですか？

藤原 まあ、そうだろうな。「プロレスは闘いである」という猪木さんの教えというのは道場にあって、その道場でやっていたスパーリングを実際にお客さんの前でやったのがUWFの始まりだからな。

前田 だから最初にも言ったけど、俺と藤原さんがやってた道場のスパーリングからUWFも総合格闘技も始まってるんですよ。でも、もっとさかのぼれば、力道山時代に突き当たるんだけどね。

――猪木さん自身、日本プロレスの力道山道場で鍛えられたわけですもんね。そこでカール・ゴッチさんとも出会って。

前田 戦後、GHQの統治下で武道禁止令が発令されてね、高専柔道だ、武専だなんだってのが続けることができなくなって、武道家がいっぱいプロレスに入ってきたんだよ。それで東京に力道山を中心とした日本プロレスがあって、関西には全日本プロレス協会っていうのができてね。日本プロレスが日本のプロレス界を統一するために第1試合から全部ガチンコの対抗戦をやって、最後は木村政彦と同じプロ柔道の山口利夫を力道山が倒して、それで潰して吸収していったんだよね。

――力道山vs山口利夫は、力道山vs木村政彦の翌年（1955年）に行われたんですよね。

前田　木村政彦も山口利夫も倒して、力道山がプロレス界を統一したんだよ。木村政彦と山口利夫はもともとプロ柔道で全国巡業をやってたけど、それがダメになって。木村政彦はそのあと九州でプロレス団体をつくるんだけど（国際プロレス団）、それもダメになって力道山の日本プロレスに来たんだよね。

――要は自分の団体が潰れたので、いち選手として力道山に雇われたわけですよね。

前田　それで力道山のパートナーとしてシャープ兄弟とやったりしたけど、プロレスラーとしては木村政彦はしょっぱかったんだよ。試合がしょっぱいし、ちゃんと自分の役割も果たさない。それで力道山も嫌になったんでしょ。木村政彦が「ガチンコなら勝てる」って言ってるから、ガチンコで潰しただけでね。

――実際、対戦に向けての煽りなのか、「力道山のプロレスは私と違ってジェスチャーの多いショーだ。真剣勝負なら力道山には絶対に負けない」って朝日新聞のインタビューで語ってるんですよね。

前田　それを今でも「力道山の騙し討ち」だ、「真剣勝負なら木村が負けるわけがない」とか言ってるのがいるけど、相撲をナメすぎだよ。昔、栃若時代って呼ばれた初代若乃花が現役の頃のビデオを観たら、今の相撲と全然違うんだよ。スピードも技のキレも。

——みんな太ってないんですよね。

前田　120キロくらいで動ける格闘技者として理想的な体型。その若乃花がいちばんしごかれたのが力道山だって言うんだよね。あまりにもしごかれてつらいからって何回も逃げ出すんだけど、力道山に連れ戻されてガンガンにしごかれていたと。「だから後年の俺があったんだ」っていうコメントを残しているくらい力道山は相撲でも強かったんですよ。その力道山と柔道家がノージャケットでやってテイクダウンできるかって言ったらできないよ。それができるんだったら、柔道出身の横綱が何人もいるはずだよ。

——そう考えるとそうですよね。

藤原　そして、その力道山先生がプロレスラーになってから、いちばんしごかれたのが猪木さんだからな。

——だから力道山の日本プロレスという原点があって、それを猪木さんが受け継いだのが新日本の道場イズムとなって、脈々とつながったわけですよね。

前田　ただ、それも俺たちの時代で終わりだろうね。今のプロレス見てみ。プロレスごっこじゃん。

藤原　まあ、俺もそう思わないこともないけど、それを言っちゃうとな（笑）。

「馬鹿」って言われるくらいクソ真面目にやることが大事

――前田さんや髙田さん世代の新日本のレスラーは、道場での練習がプロレスラーとしての誇りになってたわけですよね。

前田　いや、最初は誇りも何もなくて、俺はプロレス界のことが何もわからず真っ白のまま入ったんだよ。それで新日本に入って色をつけられて、それが「プロレス」だと思ってるだけの話でね。もし、今みたいなプロレスっていうのは、プロレス界に入ってたら、きっと〝プロレスごっこ〟を俺もやってるよ。俺が入った時のプロレスっていうのは、強くなるために道場で死ぬほどキツい練習をするっていう、そういうものでしかなかったんだよ。誇りも何も関係ない。それが当たり前だったんだ。

――それが、猪木さんの言う「プロレス」だったわけですもんね。

前田　だから俺は猪木さんの言うとおりにやってるだけなのに、なんで怒られるのかなって(笑)。

――でも、その猪木さんの教えっていうのは、その後のUWF、総合格闘技に確実につながったわけですから、すごくいい教えですよね。

前田　でしょ？　いろいろ言われたけど、こうして今があるのは猪木さんの教えのおかげだから。猪木さんに言われたとおり、バカ正直にやりましたよ。1から10までね。

藤原　昔の新日本の練習といえば、基礎体力運動と関節技。間違っても飛んだり跳ねたりの練習はしたことがない。

前田　俺らの世代って、〝プロレスの練習〟をしたことなんか1回もないよ。かろうじて受け身の練習はよくやったなっていうぐらいで。

藤原　ちゃんと受け身を取らないとケガをするからな。これも闘いにおいて、自分の身を守るために大事なことだから。

――ロックアップしてフライングメイヤーみたいな、いわゆるプロレスの〝型〟のようなものも教わらないわけですか。

前田　あんなのはリング上で培うものだよ。

藤原　今の連中が〝プロレスの練習〟だと思ってることなんか1回もやってないよ。あんなもん誰でもできる。だって学生プロレスでもできるんだから（笑）。

――たしかに、プロじゃないとできないことをやってるわけですよね。

藤原　そうそう。

前田　だから今のプロレスを見て思うのは、〝決め事〟ばっかりやってるんだよ。「お前の母ちゃんデベソ！」みたいなしょうもないハイスパットをダラダラとやってさ。たまにどっちかが間違えて失敗してフニャフニャってなる。俺らの時もたぶんそういうことはあったんだよ。あったんだけど、普段から闘うだけの練習をしているからおかしなことにはならない。

藤原　おいおい、あまりボロクソ言うなよ。また敵をつくるから（笑）。

――昔は変な動きをしたら、猪木さんも小鉄さんも試合中だろうがリングに怒鳴り込んできたんですよね。

前田　前座の試合ってドロップキックを2回やったら怒られたんだよ。あとはもうレスリングだよ。打ち合わせなんてまったくなかったよ。全部アドリブだよ。

藤原　控室にいたら猪木さんが、「藤原、行け!」って言うから、「えっ、行けって何するんですか?」って聞いたら、「ぶん殴ってこい!」って。試合中にだよ(笑)。

前田　プッシュアップの棒でボコボコにやられるんだよ。しかも、それで済むと思ったら大間違い。試合後、大会が終わるまでスクワットをさせられるんだよ。で、俺がそれをリングスでやったら、「前田はひどい!」「前田はなんてことをするんだ!」って。

――前田さんとしては新日本の正しい伝統をやっただけなのに(笑)。

前田　新日本なんかもっとひどいじゃん。ラワンの棒で殴ったら顔がこんなんなるんだよ。坂田(亘)なんか顔は全然腫れてないじゃん。

藤原　今だったら毎日が犯罪だったよな(笑)。

前田　それで怒られたからって「ひどいな」って陰で思ったことは1回もないよ。「なんで怒られたんだろう?」「どこが悪かったんだろう?」って考えて、聞きに行ってたよ。「どこが悪かったですか?」って。俺、すげえ真面目だったよ。

藤原　昔は緊張感を保つために殴ったりすることがあったんだよ。要するに巡業が続いてシリーズも後半になると、だんだん疲れてきて練習もダラダラしてくるんだよね。そういう時に気が張ってないとケガをするし、お客さんにも見透かされる。猪木さんは会場入りしてそういう空気を感じると、「集合！」って言って選手を1列に並ばせて、「てめえら、何ダラダラしてるんだ！」って殴るんだ。

――そうやってピリッとした空気に変える、と。

藤原 ただ、全員殴るわけじゃなくて、誰か一人が代表して殴られるんだよね。だから俺なんか「集合！」って号令がかかると、「今日も俺が殴られるんだな……」って思うんだけど、前田なんかにはよく、「猪木さんはいちばんかわいいヤツを殴るんだ」って言ってたんだよ。

前田 言ってましたね（笑）。

藤原 そしたらある日、前田は遠くで真面目にスクワットやってたんだけど、猪木さんから「並べ！」って声がかかったら前田がバーッと走ってきて、猪木さんがちょうど振り向いた時にコイツが目の前にいたからぶん殴られたわけだよ。そしたらあとでコイツが俺のところに来て、「藤原さん、今日は僕がいちばん先に殴られましたよ！」って（笑）。

――「猪木さんに認められました」と（笑）。

藤原 走ってこなけりゃ殴られずに済んだのに、かわいいもんだよ（笑）。

前田 俺、すげえクソ真面目にやってましたよ。だからいつも「馬鹿」とか「トンパチ」って言われてたけどさ（笑）。

藤原　でも、「馬鹿」って言われるくらいクソ真面目にやるってことは大事なんだよ。プロレス界みたいな理不尽な世界、利口じゃ務まらねえよ。

「前田がいちばん猪木さんに似てるかもしれない」

――やはり若手時代に叩き込まれた猪木さんの影響というのは大きいですか？

前田　教えって言われてもパッと思い浮かばないんだけど、まあでも、何をやるにしてもまっすぐに考えてたよね。変な入れ知恵は入れられなかったんだよ。

藤原　でも、俺に言わせりゃ、前田がいちばん猪木さんに似てるかもしれないよ。

前田　俺がですか？

藤原　うん。

前田　どういったところですか？

藤原　まず騙されやすいところ（笑）。あとはクソ真面目でバカ正直なところ。猪木さんも真面目だったからな。

前田　そうですよね。

藤原　あんなに忙しい人なのに練習は怠らず、ズルはしない人だった。その一方で、自分から騙されに行っているようなところがあったな。永久電池とかね。

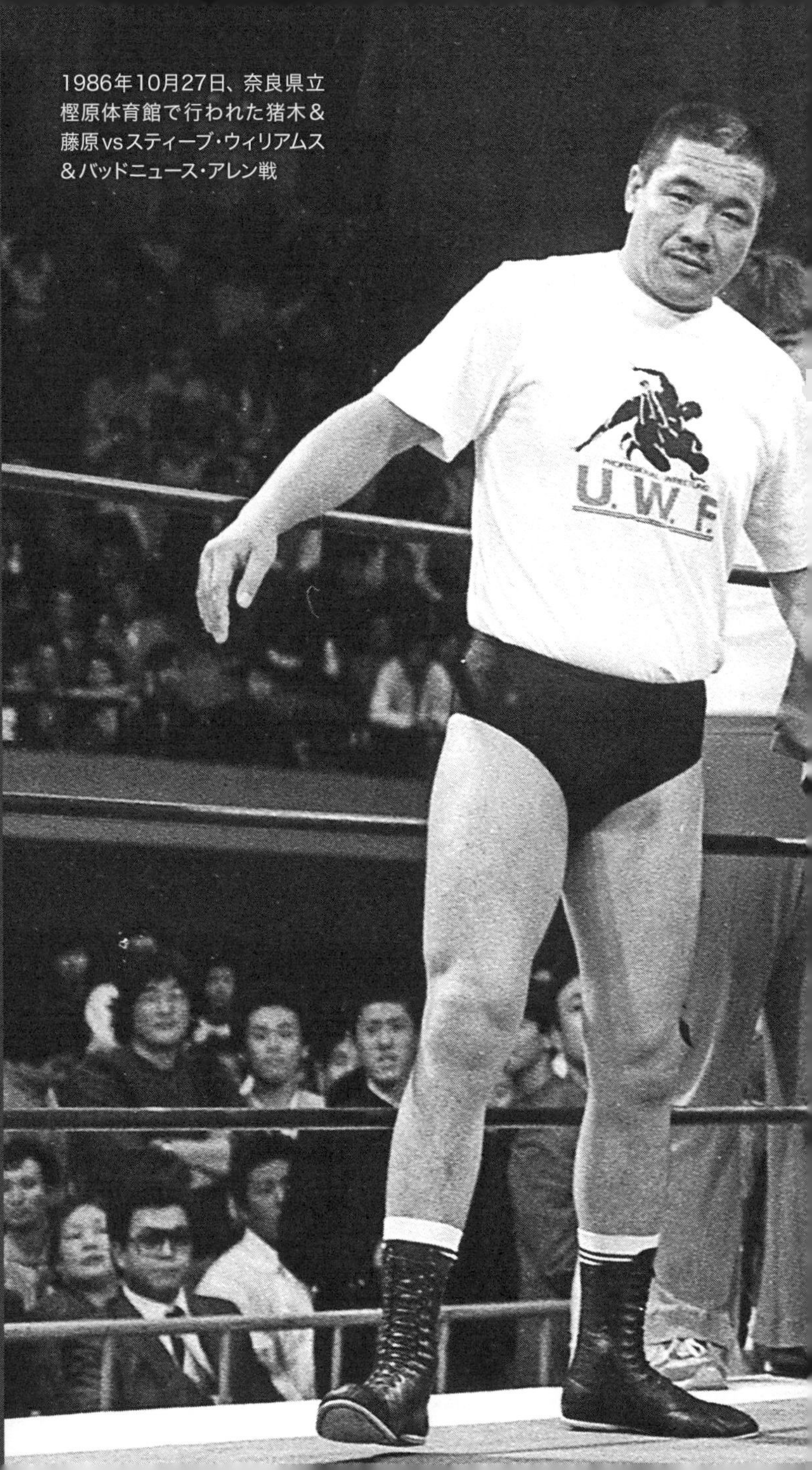

1986年10月27日、奈良県立
橿原体育館で行われた猪木＆
藤原vsスティーブ・ウィリアムス
＆バッドニュース・アレン戦

――猪木さんの大好きな発明シリーズですね（笑）。

藤原　俺は猪木さんに言ったんだよ。「あれは力学的に不可能なんですよ。食材がないとちゃんこがつくれないのと一緒です。力学のことは多少わかりますから、私に聞いてください」って。そしたら「わかった、力学のことはお前に聞くよ。……でもな、もうできてるんだよ」「だからそれが騙されてるんですって！」って（笑）。

前田　何億、何十億円ってやられてるでしょ？

藤原　やられてる、やられてる。

前田　キューバのカストロ議長から宝島をもらったとかね。

――「宝島」ってところがロマンがあっていいんでしょうね（笑）。

藤原　その時も俺は言ったんだよ。「本当に財宝が出るなら、誰にもしゃべらずに自分のものにしますよ。そんなのに騙されちゃダメです」って。そしたら「お前は盆栽が趣味だろ。俺はこれが趣味なんだ」って。そう言われたらしょうがねえもんな（笑）。

――猪木さんもプロレスだけやってたら、ものすごい資産を築いてたんでしょうけど（笑）。

前田　あっという間にデカいビルが建ってたよ。

藤原　きっとお城に住んでたよな。でも、プロレスだけやってても結局、自分の会社の営業とかに騙されてたかもしれないけどな（笑）。

前田　さっきも言ったけど新日本の営業のヤツらは、ブランドブームのはるか前にルイ・ヴィトンのアタッシュケースを持ってたからね。ホントにビックリしたよね（笑）。あの頃の俺はそれの意味がわからなかったけど、あとあとブランドブームになってから「えっ、そういえば俺がハタチの頃、加藤っていう営業のヤツがルイ・ヴィトンのアタッシュケースを持ってるのを見たな……」と思ってね。

藤原　アイツは俺がいちばん嫌いなタイプだったな。

前田　大塚も悪かったけど加藤も悪かったですよね。

――結局、ジャパンプロレスがいちばんダメじゃないですか（笑）。

前田　大塚、加藤、ジャパンプロレスのツートップだよ。長州さんもね……まあ、いいや。あの人はやめておこう（笑）。

藤原　まあ、来世があるなら俺はこういう商売は絶対にやらない。俺は真面目に公務員をやる（笑）。

――いや、でもいい人生だと思いますよ。

藤原　そうか？　まあ、騙すほうになりたかったな（笑）。真面目に頑張って残ったのはボロボロの体だけだよ。

「あの頃の新日本道場の仲間に悪いヤツはいなかった」

――藤原さん、前田さんと世代の近いレスラーにお話を聞くと、みなさん思い出すのは若い頃の新日本の道場、合宿所の思い出だって言うんですよね。

前田　いろいろあったけど面白かったね。

藤原　まあ、サル山だよ、サル山。一生懸命に練習をやって、一生懸命にメシを食って、たまには大ゲンカをして包丁を振り回したりな（笑）。

前田　俺ですか？　あれは無理やり酒を飲まされたんですよ。覚えてないし（笑）。

藤原　酒を飲まされなくたって飲むじゃねえか。弱いくせに（笑）。酒を飲んで暴れたり、楽しかったな。練習は厳しくやってたから、しごかれたり殴られたりしたけど、べつに恨んだりはしてないもんな？

前田　ないですね。

藤原　あの頃の仲間で悪いヤツはいなかったよな？

前田　いなかったです。あの頃の新日本の道場って管理っていう面ではズタボロで、近所の子供が合宿所を走り回って勝手にウンコしてたりしたんですよ。しかも、巡業に行くのにカギも締めずに行くんだよね。だから俺がイギリスから帰ってきて半年ぐらい経ったある時、泥棒が入って猪木さんのNWFのベルトとガウン、俺のガウン2着と俺が持ってたカメラとか、あといろんなものが盗られたんだよ。それが回り回って売りに出されてる時があるよ、オークション番組とかで。

――出どころ不明のお宝が（笑）。

前田　『開運！なんでも鑑定団』が始まって、各局で同じような番組を真似し始めたんだよね。その時に俺の盗まれたガウンが出てきて、「これ、盗まれたものですよ」って言ったら、「善意の第三者が買ったものだから取り返せない」って言われたんだよ。ひどいでしょ。

――昔の新日本道場は巡業中、お宝盗り放題の泥棒天国だったんですね（笑）。

前田　俺らが巡業に出てる時、合宿所で寝泊まりしてた近所の人もいたんじゃないの。だって玄関のカギがかかってないんだよ。選手それぞれの部屋はカギがかかってるかもしれないけど、合宿所のリビングやキッチン、道場のリングなんかも使い放題だよ。冷凍庫には何キロかの肉がポンと入れてあって、その肉もいつのまにかなくなってたりしたんだよね（笑）。

藤原　まあ、冷凍庫に入れっぱなしみたいな肉はどっちみち捨てるんだけどな。

前田　捨てるぐらいだから近所の人が持っていって食べるのはいいんだけど。あの辺の近所の人たちはけっこういい思いをしてますよ。

藤原　お前見たのかよ、それ。勝手に容疑者扱いして（笑）。

前田　「あったのになんでないんだろ？」って思うことがたくさんありましたよ。まあ、その頃は気にも留めなかったけど。

藤原　でも、田中米太郎さんが合宿所からお米を担いで車に載っけてるのを見かけた誰かが、「手伝いましょうか?」って言ったらぶん殴られたって聞いたよ（笑）。

前田　田中さんは自分が寮長の頃も、しょっちゅう道場の食材とか持って帰ってましたよ。

――それはちゃんと現行犯で目撃されてるんですね（笑）。

藤原　あの人がまたろくでもない呑兵衛でな。働いたカネはみんなつかっちゃってたんだろうな。

――田中米太郎さんって、ジャイアント馬場さんのデビュー戦の相手として有名ですけど、前田さんが寮長の時代まで新日本にいたんですね。

前田　入門して俺が21歳くらいまでいたのかな。

藤原　結構いたよな。

――どういう立場でいたんですか?

前田　レフェリー兼ちゃんこ番長。ちゃんこはおいしかったよ。

藤原　元お相撲さんだからな。

前田　一説には力道山先生は田中さんがつくったちゃんこしか食わなかったって。

――へえー、そうなんですね。

前田　北沢さんのちゃんこもうまいけど、それも田中さんから教えてもらったって言ってたからね。

「俺らは息子だから猪木さんの文句を言ってもいい」

——今振り返ってみて、あらためて猪木さんはどういったところがすごかったと思いますか？

前田　猪木さんの周りではいろんなことが起きたけど、それを収束させようとするんじゃなく、起こってしまったことはしょうがないから、それを生かして次につなげてしまうような、懐の深さと胆力がすごかったね。普通、何か事件が起こったらそれを隠したりなるべく収拾しようとするでしょ。猪木さんはそれがいっさいなかったから。

——「スキャンダルを経営に結びつけられないヤツは、経営者失格！」とも言ってましたけど、どんな事件でもそれを次の興行に生かしてしまうという。

前田　そうそう。俺だって普通の団体だったらもっと早くにクビになっていてもおかしくないようなことがけっこうあったけど、それが問題にならずに、「しょうがないじゃないか」って感じで、うまく次につなげちゃうんだよね。

藤原　猪木さんは正直で純粋で騙されやすい。あとは、殺されるかもしれないような事態であっても全然気にしない人だったよな。やっぱり、少年時代にブラジルの厳しい環境で精神的にも鍛えられた部分があったんじゃねえかな。

前田　ブラジルは実際に行ってみないとわからないよ。ホントにとんでもないところがあるから。

2019年2月15日、後楽園ホールで行われた「プロレスリング・マスターズ」に参戦した藤原。前田はセコンドとして来場

――しかも、猪木さんが行ってたのは1950年代ですもんね。

前田　アマゾンなんてね、窓を開けっ放しで寝てたら部屋にアナコンダが入ってくるんだよ。どうすんのよ？（笑）。それで窓を閉めたら暑いでしょ。

――熱帯ですからね（笑）。

前田　変な大きな蚊みたいなのが飛んできて、「なんだろうな？」と思ったらジーンズの上からブスッと刺すんだよ。それでこんな腫れたからね。

――ヤバいですね。

前田　ヤバいよ、ホントに。そういうところのコーヒー農園で奴隷まがいの厳しい状況で作業をしてきたわけでしょ。それも一家の大黒柱のおじいちゃんが、移民船でブラジルに向かう途中、パナマ運河を通っている時に死んじゃってさ、大変だよ。

藤原　猪木さんもよくあの歳まで生きたよ。死んでいてもおかしくないようなことが、何度もあっただろうからな。

前田　そういうことも知らずに、なんか上っ面だけで「アントニオ猪木はどうのこうの」って言うヤツがいると、シバいてやろうかと思うよね。

――前田さんは、猪木さんのもとを離れたあとも、どこか違う場所で猪木さんの悪口を言う人がいたら怒っていたらしいですね？

前田　俺が猪木さんへの文句を言うのは息子が父親に逆らうようなものじゃん。でも、赤の他人が同じようなことを言ったら、「それは違うでしょ」って。俺らは息子だから猪木さんの文句を言ってもいいんであってね。

藤原　「お前なんかにアントニオ猪木がわかってたまるか！」ってことだよな。

――やはり、猪木さんに対して、この世界での父親という気持ちがあるんですね。

前田　そうだね。

藤原　だから前田は猪木さんの悪口を聞けば怒るけど、俺の悪口は平気な顔して聞いてるかもしれないけどな（笑）。

前田　いや、藤原さんの悪口は不思議と聞いたことがないんですよ。

藤原　「不思議と」ってなんだよ。俺は善人だぞ。自分で言ってたら世話ないけど（笑）。

――藤原さんは逆に、前田さんの悪口を聞いたらどういう反応を示すんですか？

藤原　「前田さんはそんな人じゃありません！」って言うよ（笑）。

前田　おへそで茶が沸いてるんじゃないですか（笑）。

藤原　「たまに中出しして女に怒られるだけです」ってな（笑）。

前田　「いい」って言われなきゃしませんよ（笑）。

――まあ、そういう冗談が今も言えるくらい濃密な人間関係だったということですね（笑）。

前田　たしかに濃密だったね。

藤原　毎日スパーリングやって、いつも裸と裸でくっついていたからね。ある種の肉体関係ができたようなもんだよな。前田がデビュー前、「どっちに掘られたい？」って聞かれて「藤原さんでお願いします！」って言ってたのに、まだケツは貸してもらってないけどな（笑）。

前田　もう痔だからダメですよ（笑）。

――そういう問題なんですか（笑）。

「元気があればなんでもできる！」

――藤原さんと前田さんの仲は、もう50年近くになると思いますけど、過去に二人の仲を引き裂こうとしたような存在はいなかったんですか？

前田　いましたっけ？

藤原　いないんじゃないの。そんなムダなことをするヤツは（笑）。べつに俺らは、普段からベタベタと仲良くしてるわけじゃないんだよ。しばらく離れてても、「そういえば、アイツどうしてるかな？」って思い出すような関係でね。でも、しばらく疎遠になってても何かあると連絡をしてくれるんだ。何年かぶりに前田から電話がかかってきて、「岩手県で大きな地震がありましたけど、実家は大丈夫ですか？」って言ってくれたりね。

前田　脚本家の倉本聰を男前にしたような藤原さんのお父さんと、藤原さんにそっくりなお母さんが元気かなと思ってね（笑）。

――「岩手県」と聞くと藤原さんのことを思い出しちゃうわけですね。

前田　各地の震度を報じるニュースで「江釣子村《えづりこむら》」って出てたんですよ。「江釣子って聞いたことあるな……あっ、そうだ。藤原さんの出身地じゃん！」と思って、それで電話したんだよ。

藤原　そういう時はうれしいよな。

前田　その電話だけですごく感激してくれたんで、「藤原さんも寂しかったんだろうな」と思って（笑）。

藤原　べつに寂しくはねえよ（笑）。でも、気にかけてくれてたんだなと思ったら、悪い気はしないよな。俺が胃がんになった時も前田から電話があってね。「藤原さん、死んじゃ嫌です……」って泣くから、「バカヤロー！　まだ生きてるよ」って言ってな（笑）。

前田　ウソばっかり言って。いつ俺が泣いたんですか（笑）。

藤原　泣いてなかったか？（笑）。

前田　だってあれは俺が50歳くらいの時でしょ？　50歳のおっさんが「死んじゃ嫌ですよ……」って泣かないでしょ、ホントに。

藤原　なんだ、死んだほうがいいと思ってたのか？（笑）。

前田　そんなことないです（笑）。で、その時に「藤原さん、いい薬があるから送りますよ」って言ったんですよ。

藤原　鹿のツノとか送ってきたんだよな。「チンポ勃ちますよ～」とか言ってな。胃がんで闘病中のジジイのチンポ勃てて、どうするんだよ！（笑）。
――「元気があればなんでもできる！」ってことですかね（笑）。当時は前田さんも本気で心配されたわけですよね？
前田　まあ、一応ね。
藤原　一応かよ（笑）。
前田　でも、胃がんくらいで死ぬようなタマじゃないでしょ。ホントかわい子ぶって（笑）。
藤原　ステージ3だよ。
前田　いや、ステージ3でも藤原さんはがんくらいでは死なないですよ。
藤原　お前、俺だって人間だよ。
前田　大丈夫ですよ、ステージ10だって。
藤原　ステージ10なんてねえよ！（笑）。俺が胃がんって診断された時、5年後の生存率が42・1％だったんだよ。でも手術をしたあと、「先生、外出許可を出してもらっていいですか？」って言ったら、「どうしたんだ？」って聞かれたんで「いや、試合が入ってるんで」って。
前田　試合やったんですか？
藤原　もともと受けてた仕事だからさ、医者の許可が出たらやろうと思ったんだけど、先生に「あなた、リングの上に内臓をぶちまけることになりますよ！」って言われて。「やっぱりダメですか？」って聞いたら「ダメに決まってるでしょ！」って言われてさ。

――プロレスラーは医者を困らせる職業ですね（笑）。

前田　昔、藤原さんと「ルー・テーズって60歳でも試合やってるんですね。すごいなあ」って言ってたんだけど。なんてことはない、藤原さん自身が70歳でもやってるんだから（笑）。

藤原　もう俺は75歳だよ。でも、明後日も試合が入ってるからな。こんなジジイでも仕事があるんだから、ありがたいよ。

「楽しかった。いい人生だったよ。猪木さんに感謝だな」

――最後に、第一次UWFから含めてUWFの日々はいろいろと嫌なこともあったと思いますけど、いい思い出になってますか？

前田　まあ、いい経験でしたよ。でも、タイムマシンがあったらあの時の俺に「やるな！」「もっと楽な道はいくらでもあるぞ！」って言うよ（笑）。

――でも、みんなが一生懸命だった時代だというのは確かなんじゃないですか？

藤原　うん、一生懸命やってたね。UWFって何年？

――第一次UWFが1年半、新日本との業務提携が2年間、そして新生UWFが2年半ですかね。だから全部合わせても6年間くらいで。

藤原　あれは短かったからよかったのかもしれないね。だって、最後のUWFが終わってから何年経つの？

――30年以上になりますね。

藤原　それでいまだにUWFが話題に出るんだから、そうとう強烈だったということだろうからな。

前田　みんな前向きに真剣にやってましたからね。それだけは間違いないですよ。

藤原　UWFも俺の人生の貴重な何ページかだろうな。

――先ほどの猪木さんの話もそうですけど、みなさん本当にプロレスに真剣に取り組んでましたね。

前田　真剣だし真面目だったよ。全日本は経験してないからわからないけど、俺が経験した新日本は間違いなくプロレスに対して真面目だった。

藤原　そうやって真面目に真剣にプロレスに取り組むっていうことが、ある意味で猪木さんの教えだったんだよ。仕事も遊びも真剣にやらなきゃ面白くねえんだ。真剣にやったからこそ、こうして「あ〜、面白かったな」って振り返ることができるんだよ。

前田　実際、楽しかったですよね。

藤原　楽しかった。いい人生だったよ。猪木さんに感謝だな。

PROFILE

前田日明

まえだ・あきら●1959年、大阪府生まれ。77年に新日本プロレス入門。将来のエースを嘱望されイギリスに遠征、「クイックキック・リー」のリングネームで活躍。84年、第一次UWFに参加したのち、85年に新日本にカムバックしたが、「長州顔面蹴撃事件」で解雇される。88年の新生UWF旗揚げを経て、91年にリングスを設立。99年2月、アレクサンドル・カレリン戦で現役を引退。現在はYouTube「前田日明チャンネル」を開設し、元レスラーや関係者との対談などを公開。チャンネル登録者数23万人超（2024年5月現在）の人気を博している。

藤原喜明

ふじわら・よしあき◉1949年、岩手県生まれ。72年に新日本プロレスに入門。新人時代からカール・ゴッチに師事、のちに“関節技の鬼”と呼ばれる。84年に長州力を花道で襲撃し、“テロリスト”としてブレイク。同年7月に第一次UWFに移籍し、スーパー・タイガー（佐山聡）や前田日明らとUWFスタイルと呼ばれるプロレスをつくり上げる。その後、新生UWFを経て、91年に藤原組を設立。藤原組解散後はフリーランスとして新日本を中心に多団体に参戦。2007年に胃がんの手術を受けるも無事生還し、現在もレスラーとして活躍中。

アントニオ猪木とUWF

2024年6月14日　第1刷発行
2024年7月26日　第2刷発行

著　者　前田日明　藤原喜明
発行人　関川 誠
発行所　株式会社宝島社
〒102-8388　東京都千代田区一番町25番地
電話（営業）03-3234-4621
（編集）03-3239-0927
https://tkj.jp
印刷・製本　中央精版印刷株式会社

ISBN 978-4-299-05506-4